採点者に好印象を与える

高校入試 小論文・作文のオキテ55

ライトハウス・アカデミー塾長
安田浩幸
Yasuda Hiroyuki

はじめに

僕は君に「国や学校にとって不都合《ふつごう》な真実」を教える先生かもしれない。口当たりのいい小論文・作文の本ではないかもしれない。誰も言えない、本当にやるべきことを君に教える。真実は、時に耳の痛い、聞きたくない話であったりする。そして、それは時に非常識であったりもする。

でも、僕が開発した「満点メソッド」は現実的で、実践的《じっせんてき》なアドバイス。学んだものは、誰でも満点をとれるようになる。そして、志望校の先生に、「ぜひ、本校にきてほしい」と思わせることができる。

また、この本は、いち早く新傾向入試に対応している本でもある。

今、日本は100年に一度といわれる教育改革を進めている。その中で国が最重要視しているのは「問題解決能力」。これからの入試は「課題発見・問題解決型の作文・小論文」に急激にシフトしていく。教えられる先生もほとんどいない。

でも「満点メソッド」を使えば、その新傾向問題にも、まるで模範解答《もはんかいとう》かのような完璧《かんぺき》な答案で答えることができる。いってみれば、この本は裏口入学や、カンニングに相当するような本なのかもしれない。他の受験生からみたら、君は「天才」に見えるかもしれないい。この本は、そんな本だ。
もし、君がこの本を完全に理解できたなら、君は小論文・作文だけでなく、これからの人生、いつでも、誰からも必要とされる人になるんじゃないかと思うよ。
それが、僕がこの本を書いた本当の願い。

僕は、これまで自分が主催《しゅさい》する塾やビジネススクールで小論文・作文・面接の指導《しどう》を行ってきた。高校受験生はもちろん、中学受験、大学受験、大学生・社会人の生徒たちを合格に導いてきた。その数、1000人以上。それからオンライン通信添削《てんさく》（合格作文・小論文）でも、大勢《おおぜい》の生徒たちの指導をしている。
そして少し前に、KADOKAWAさんから、『面接官に好印象を与える 高校入試 面接のオキテ55』って本も出版してるんだ。今度は、君を小論文・作文の試験で合格に導いていくよ。

さて、前置きはここまでにして、一緒に、天才の領域まで、進んでいこう！

安田 浩幸

もくじ

第4章 高得点を取るための考え方

第7章 入試タイプ別攻略法

イラスト／佳奈
ブックデザイン／長谷川有香＋イノラチヒロ
（ムシカゴグラフィクス）

第1章

満点を取るための基本戦略

1 さあ、天才になる旅に出かけよう！

小論文・作文の勉強なんてうんざりかな？

大丈夫。それは君だけじゃない。たいていみんなそうだ。そして僕もそうだった。でも、君はラッキーだ。これから説明するのは、つまらない普通の勉強じゃない。そんな話、誰も聞きたくないでしょ？ それに僕も、そんなたいくつな説明なんて、したくない。

これから、これまでの小論文・作文の常識《じょうしき》をくつがえし、最短時間で満点をとるための方法《メソッド》を君に伝える。ちなみにその方法は「**満点メソッド**」と呼ばれる。

さて、これから君と一緒に勉強する仲間を紹介しよう。

蒼汰《そうた》君と、ゆきちゃんだ。２人とも中学3年生の受験生だ。自分が蒼汰君やゆきちゃんになったつもりで、僕の話を読み進めていけば、より一層、楽しく身につくよ。

なんか緊張《きんちょう》するな。とりあえず、よろしく。俺、今まで作文の勉強なんてやったことないけど大丈夫かな？　もう受験まで時間ないし。

私は少し勉強してるけど、何をどうやって書いたらいいのか、いまひとつわからないのよね。何がいい小論文・作文で、何がダメなのかもわからないから不安なの！　時間だけが過ぎていく感じで怖い！

大丈夫、今、どんなに小論文・作文が苦手でも心配ない。大嫌いでも問題なし！

今から教えることをしっかり学べば、考えてもみなかったような点を取れるようになる。それも上位1％のレベル！　しかもそんなに時間はかからない。少しマスターするだけで、すぐに点が跳《は》ね上がる！　それが「満点メソッド」！

「満点メソッド」？　なんかうさんくさい。聞いたことないな。それを学んだら、俺でも満点とれる？

古い常識をくつがえし、時代を変える新しいものは、いつだって最初はうさんくさく見えるものなんだ。このメソッドが本当かどうかは君自身がこれから自分で体験するのが一番。それに君ができないのは、今まで、学ぶ機会《きかい》がなかっただけ。

今の力はどうでもいい。そもそも**今、実力がないってことは、これから、まだまだ君に**

は伸びる余地《よち》があるってこと。一つずつ、新しい力や、ものの考え方を身につけていこうね。

小論文・作文を学ぶことは、実は、自分を魅力的《みりょくてき》にすることでもあるんだ。自分のまわりの人の心の中がはっきりとわかるようになり、その人が何を悩《なや》んでいるのかもわかるようになる。さらにその悩みにそっと手を差《さ》し伸《の》べて解決してあげることや手助けしてあげることもできるようになる。そして学んでいるうちに、君は誰からも必要とされる人間に成長していく。そんな素敵《すてき》な自分になっていけるのが、小論文・作文の書き方を学ぶってこと。これから、途中《とちゅう》でいやになることもあるかもしれない。でも、そんな時は、この言葉を思い出してね。

「あきらめた瞬間《しゅんかん》にすべては終わる。でも、あきらめさえしなければ、可能性だけはのこり続ける。」

俺、ちょっとやってみたいかも。

私も！

うん。これから一緒に、素敵な自分になる旅へ出かけよう。

オキテ

小論文・作文を学ぶことは素敵な自分になっていくこと！

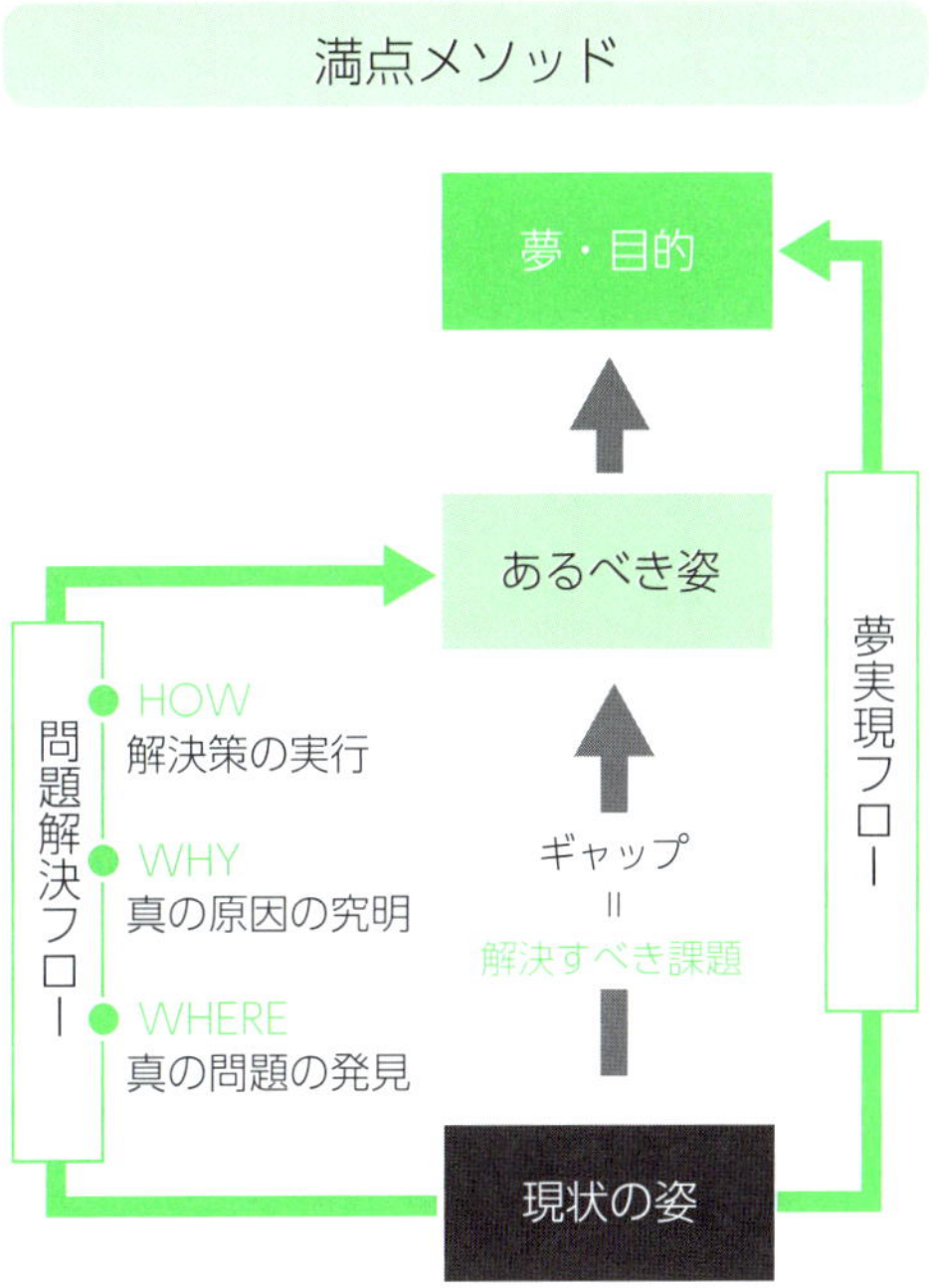
満点メソッド
夢・目的
あるべき姿
ギャップ
=
解決すべき課題
現状の姿
夢実現フロー
問題解決フロー
HOW
解決策の実行
WHY
真の原因の究明
WHERE
真の問題の発見

2 入試では小論文・作文が大切！

先生、早く「満点メソッド」教えてよ。

うん。満点メソッドは「**たった一つの方法**」で、どんな小論文・作文の問題にも、満点がとれる方法！　このメソッドを学べば、君はわずかな努力で天才の領域《りょういき》に突入《とつにゅう》する。

俺が天才に!?　すげぇ。

たった一つの方法で？　でも小論文・作文の問題って、いろんな形があるでしょ。長い文章を読ませてから答えるパターンとか、志望《しぼう》理由や中学で頑張《がんば》ったことを書くパターンとか。あと環境問題とか、ボランティアとかについて意見を書きなさいとか。なのに、たった一つの方法で全部書けちゃうの？　信じられない！

たしかに、小論文・作文の問題には、ほんとうにいろいろなタイプがあるね。今、ゆきちゃんが言った以外にも「あなたにとっての輝《かがや》きは何ですか？」とか、一枚の写真や図を見せて、「この図を見てあなたの意見を書きなさい。」とか。

そんなに多いの？　やりたくないな……。

そうだよね。でも、大事な入試の大きな配点《はいてん》を、小論文・作文が握《にぎ》っているなら、**小論文・作文に、君の人生がかかっている**といっても過言《かごん》ではない。

ところが、そんなに大切なのに、まず、英語や数学と違って、小論文・作文だけの授業って中学校の授業にないよね。国語の時間で、ちょっとやるだけ。その上、どんな問題が出るか、どう対策《たいさく》していいか、誰《だれ》も本当はわかっていないし、誰も正しい方法を教えられない。いろいろ努力しても、準備していないテーマが出たら終わり……みたいな。だから受験生は、みんな小論文・作文の対策で困っているんだ。

でも実は、**たった一つの方法で、全ての問題に答えられる**。誰でも、どんな問題でも確実に、正解を出す方法、それが「満点メソッド」だ。

なんかすごそう！

すごいのは、それだけじゃない。この「満点メソッド」を使って他の受験生に圧勝《あっしょう》できる理由が2つある。

① **新傾向入試に完全対応**

この方法は、新傾向に適合《てきごう》する唯一《ゆいいつ》の小論文・作文の書き方でもある。

今、国は100年に一度の教育改革の真《ま》っただ中にある。２０２０年から大学入試改革と高校教育改革が実施《じっし》される。それに合わせて中学校や小学校での学習内容も激変《げきへん》する。その改革の影響《えいきょう》で、小論文・作文で問われることも、採点の基準も大きく変わってくる。けれども、ほとんどの人が対応できていない。だからもちろん、それを教えられる人もいない。

この教育改革で一番重要視されているのが「**問題解決能力**」。**「満点メソッド」は世界最高の問題解決方法を取り入れたものだから、求められる「問題解決能力」が身につけられる。**だから新傾向に完全に対応できる。今後、問題解決が含まれていない小論文・作文はほぼ無価値となるだろうね。

② **採点者が思わず高得点をつけてしまう仕掛《しか》けが満載《まんさい》**

これまで小学校や中学校で教えられてきた作文の書き方は、実は間違いだらけ！「満点メソッド」はこれまでの常識のウソをあばき、本当に高得点がとれる小論文・作文の書き方を示す。

すっごい興味がわいてきた。どういうものなの？

僕が教えるこの方法は、国、学校、採点者の頭の中にもぐりこみ、模範解答《もはんかいとう》をカンニングするようなものなんだ。

えっ、つかまっちゃうんじゃないの。

罪《つみ》は犯《おか》さない。ただ、国、学校、採点者の頭の中にある模範解答を見つけ出すだけ。

早く教えて。

オキテ

一つの方法論ですべてに対応できるのが「満点メソッド」！

3 小論文・作文を書くときの大切なオキテ

さて、満点メソッドの説明をしていくよ。満点メソッドの書き方では、これまでの常識と全く逆の考え方をすることになる。まあ、当たり前だよね。人と同じことをしていては、人と同じ成果しか出ない。

小論文・作文を書くときの大切なオキテの一つ目は「**自分の頭で考えない**」ってこと。

えっ、何それ。意味わかんないんだけど……。

そうだよね。これまで学校では「自分の頭で考えろ」って散々《さんざん》言われてきたよね。でもね、これ、全部間違いで、こんなふうに書く人は落ちる！　入試小論文・作文は、自分の頭で考えて書くものじゃない。

えっ〜。じゃ、どうやって書けばいいの？

全部、逆をいけばいい。

落ちる人

「自分の頭」で考えて
↓
「自分が大切」と思うことを
↓
「伝えよう」と書く

満点メソッド

「相手の頭」で考えて
↓
「相手のメリット」になることを
↓
「相手の頭と心」に伝わるように書く

「落ちる人の書き方」って私が正しいと思ってきた世間の常識よね。「満点メソッド」は全く逆みたい。なんかよくわかんない。それで受かるの？

最初はみんなそう思う。だって、これまでの逆なんだから。じゃあ、わかってもらうために、ちょっと考えてもらおうかな。蒼汰君、小論文・作文の目的は何？

えっ、目的？ そんなの考えたことない。う〜ん、いい小論文・作文を書くことかな？で、いい点がつけばラッキーみたいな。

そうだね。でも「いい」って何だろう？ **入試小論文・作文の「いい」は、それを評価する人にとって「いい」ってことなんだ。** 自分がいいと思っても、相手がいいと思わなかったら、あまり意味がないよね。だって、点をつけるのは相手だから。だから、相手の頭で考えるのが近道なんだ。たしかに、これまで学校で書いてきた小論文・作文は、自分の頭で考えても問題なかった。なぜなら、授業で書く作文は国語力の評価が中心だったから。

でもね、入試小論文・作文で高校側が最も注意深く見ている大事な評価のポイントとは、**君が学校にふさわしいかどうか**という点。だから、相手の頭で考える必要がある。大事だからもう一回言うよ。入試小論文・作文では君が学校にふさわしいかどうかが見られている。

うぇ、俺なんて、絶対無理そうじゃん。ふさわしくない度なら一番だと思う……。

いや、相手が何を大切と考えているのか、何を評価してるのかを、相手の立場にたって考えることができれば大丈夫！

人に評価されるのってなんだか嫌だな。で、私を評価する相手って採点者のこと？

うん、採点者も相手の一人。でも、もっといる。採点者を含めて3人の相手を意識する必要がある。それはね、国、学校、採点者の3人だ。この3人が何を考え、何を最も知りたがっているのかがわかっていなければ、決して、いい点はつかない。入試とはある意味、相手（国、学校、採点者）との戦いのようなものだね。戦いに勝つための兵法書《へいほうしょ》の古典『孫子《そんし》』にも、こんな一節がある。

「相手を知り、おのれを知れば、百戦殆《あや》うからず。相手を知らずしておのれを知れば、一勝一負す。相手を知らずおのれを知らざれば、戦う毎《たび》に必ず殆うし。」

相手も自分も理解している人は、戦えば必ず勝つ。相手を理解せず、自分のことだけわかっている場合なら、勝ち負けは五分五分。相手も自分も理解していない人は、必ず負けるってこと。だいたいの人は、相手のことはほぼ理解しないで、試験を受ける。また、わかっているようで、実は自分のことも理解していない。それでは、必勝じゃなくて、必敗だ。

オキテ

評価する人にとって「いい内容」を考える!

4 脳の働きを理解して高得点を狙う！

どうして自分の頭で考えちゃダメなのか、ここでちょっと実験してみようか。
蒼汰君、ゆきちゃん、好きな動物はいる？

俺は犬！

私は猫！

じゃ、こんな小論文・作文のテーマがあったとするよ。

問題　あなたは文Aと文Bのどちらの意見に賛成ですか？

文A　犬が猫より、圧倒的に魅力的だ。犬は一番素敵なペットではないだろうか。なぜなら、犬は忠誠心《ちゅうせいしん》があり、飼い主の言うことにしっかり従《したが》うからだ。一方、猫は忠誠心がない。気まぐれな猫を可愛《かわい》がっても甲斐《かい》がないのではないだろうか。

文B　猫のほうが犬より圧倒的に魅力的だ。猫は一番素敵なペットではないだろうか。なぜなら、猫は気まぐれに甘えてくるので、甘えてきた際の喜びが大きいからだ。一方、犬はいつも従順《じゅうじゅん》。だから、犬には、なついてくれたときの喜びは少ないのではないだろうか。

蒼汰君、ゆきちゃん、どっちの文がいいと思う？

もちろん文A。文Bなんて、わかってない人の意見だね。

私はもちろん文Bがいいと思う。文Aなんて意味わかんない。

なるほど。でも、ちょっと待って。文A、文Bの文章のつくりはだいたい一緒だよね。

なのに、同じような論理構成でも、ゆきちゃんと蒼汰君は評価がわかれたね。

実は、あるテーマに対してどう感じるかは人それぞれで、ほぼ好き嫌いの問題なんだ。

文Aと、文Bに論理的な優劣《ゆうれつ》なんてない。でも、相手の頭が何を考えているかで、評価には大差がつく。蒼汰君、文Bを読んでどんな気持ちになった。

なんかムッとした。

そう。それが人間の反応。

小論文・作文では、よくこんなふうに、「2つの意見のうち、どっちに賛成ですか」という問題が出る。論理的に正しければ、「どっちの意見に賛成してもいい」と言ってる先生や、本も多い。ゆきちゃんは、自分が採点者なら、自分と違う意見にいい点をつけられる？

ちょっと無理かも。

だいたい人間の脳はそんな冷静に判断できるようにできていない。

脳の構造をちょっと見てみよう。人間は進化の過程《かてい》で、3つの脳を持っているといわれている。まず爬虫類《はちゅうるい》脳、哺乳類《ほにゅうるい》脳、そして3つめは、人間脳。この3つの脳は別々の働きをもっているんだ。

爬虫類脳→呼吸など生命活動に必要なことを行っている脳

哺乳類脳→快か不快かの感情的な判断

人間脳→理性的な判断

物事の判断では、哺乳類脳と人間脳の2つが反応する。最初に感情

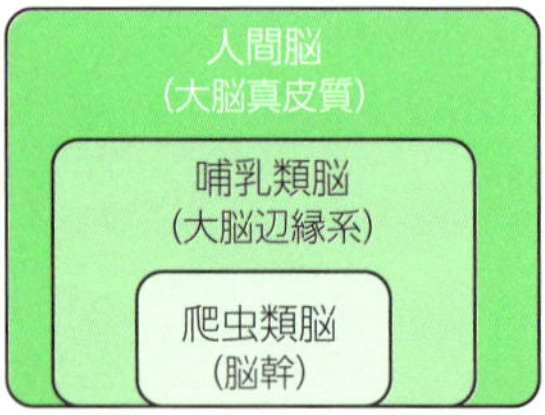
人間脳
（大脳真皮質）
哺乳類脳
（大脳辺縁系）
爬虫類脳
（脳幹）

を決める哺乳類脳が反応し、0.1秒程度で決める。その次に理性的な判断の人間脳の出番《でばん》。

ってことは、相手の感情の脳、つまり哺乳類脳に嫌われたらおしまいってこと？

そう。**相手を感情的にさせたらもう落ちるしかない。**そもそも、日本人は自分と異なる意見を受け入れるのに慣れていない。それに採点者は君たちよりずっと年上。そんな採点者が、自分よりはるかに年下の君たちの意見を、自分より優《すぐ》れていると考えてくれるなんてことはありえると思う？

無理、無理。俺はいつも否定されてばっかだったし。

残念だけど、異なる意見は自分への敵意と受けとってしまう人が多い。だから、気を付けなくちゃならないんだ。まずはこの人間の脳のしくみをここで理解しておこうね。

オキテ

採点者と異なる意見は、採点者に響かない！

5 「おべっかの法則」で高評価を狙う！

小論文・作文では、どんなに論理的でも、相手の考えと違うことを書いたら評価が低くなる。常に採点者や国の頭の中がどうなっているかを考えて、それに合わせることが大切なんだ。

自分の考えなんてないから別にいいけど、なんか、おべっかみたいでせこくない？

そう、相手におべっかを使うように、自分の考えを捨て、相手に合わせる。でも、これ、入試では、必須《ひっす》の考え方だよ。これで間違いなく君の得点は上がる。これを「**おべっかの法則**」という。相手の頭の中を読み間違えたら、それだけで大きな得点減につながる。社会に出ても、おべっかのうまい人が出世《しゅっせ》するもんなんだよ。

ふーん、そういうもんなんだ。でも、やっぱりせこくない？

そうでもないよ。まず相手の考えを受け入れる。そうすると相手はどうなる？　人は自分の意見を聞いてくれる人に好感を持つ。そのとき、人は初めて、その人の意見を聞く気になるものなんだ。理解される前に理解する、これは人間関係の基本だよ。

ちなみに、日本の東京大学よりずっと評価の高いアメリカのハーバード大学の入試はエッセイ（小論文）と面接が評価の中心。その入試でもっとも必要な力が、「人に好かれ、信頼され、目をかけてもらえるパーソナリティー（人柄《ひとがら》）」といわれている。いうなれば、うまく相手の頭の中にしのこび、「おべっかの法則」を駆使《くし》し人に好かれることが今のエリートに必要な世界共通の必須の力なんだよ。

採点者と同じ考え

採点者と違う考え

オキテ

まずは相手の意見を受け入れて、それに合わせる！

6 人間の本質をついて好印象を狙う!

もう一つ、満点メソッドの奥義《おうぎ》を体得《たいとく》するうえで、大切な法則を伝えるね。それは「〇〇の法則」!

何それ?

ちょっとショッキングな法則だからまだ内緒《ないしょ》。
まず考えてみて。さて、ゆきちゃんが道を歩いていたら、見ず知らずのおじさんが、ゆきちゃんに向かって歩いてきた。目の前に、どんどん近づいてきたよ。

なんか嫌!

なんと、そのおじさん、ゆきちゃんに話しかけてきた!
「財布《さいふ》落としたんで、金、貸してくれんかね」と言ってきた。どうする?

貸さないよ。怖いよ。

でも、次の瞬間《しゅんかん》、このおじさんが、名刺《めいし》を差し出した。名刺の肩書は、ゆきちゃんの大好きなアイドルが所属する芸能事務所の社長！

アイドル、超好き！

アイドルの事務所の社長だとわかった瞬間、ゆきちゃんには、さっきまでの「見ず知らずのおじさん」が「金色にキラキラ輝く紳士《しんし》」に見えてくるんじゃないかな。

うん。素敵な紳士に見えてきそう。アイドルのサインをもらえるかもだし。

さて、このときのゆきちゃんの気持ちが、「満点メソッド」の奥義をマスターする上で、次に知るべき「人間の本質の理解」のポイント。**人は、ただ、自分にメリットを与える人にだけ興味があり、好感を持つ。**

さて、最初に書いた「〇〇〇」の法則の「〇〇〇」の部分は身もふたもない言葉がはいる。それは「自分のメリット以外はどうでもいいの法則」。作文では、「相手が認めた価値」

以外は無価値。高校の先生である採点者にとって、君を選ぶことによってどういうメリットがあるのか、それがすべて。

高得点をたたき出すには、まず「おべっかの法則」で相手の頭にあわせること。

次に、採点者に得な内容（メリットのある内容）が含まれているかどうか。これが、最大のポイント。最初に示した、落ちる人の書き方と、受かる人の書き方はこうだったね。

落ちる人

「自分の頭」で考えて
↓
「自分が大切」と思うことを
↓
「伝えよう」と書く

満点メソッド

「相手の頭」で考えて
↓
「相手のメリット」になることを
↓
「相手の頭と心」に伝わるように書く

なんかちょっと意味わかってきたかも。私が到達《とうたつ》すべき世界が見えてきたかも。

うん。俺、最初先生の言うこと、インチキかと思ったけど、今までの常識の方がおかしく感じてきた。

そう？　実際、99％の人が間違って小論文・作文の書き方を学んでいるからね。でも、たとえ1％の人しかやっていなくても、本物は本物なんだ！　満点を取る小論文・作文の神髄《しんずい》を一言でいうとこうなる。

「俺（国・学校・採点者）のように考えて、俺にメリットのある文」

なんか、ひどい言いようね。でも、それが真実かも。

この項目の終わりに、世界ナンバーワンコンサルタントといわれている、ジェイ・エイブラハムの言葉を紹介して締《し》めくくるね。

「人間心理の本質を知るには、誰も皆、自分のことを一番に考え、自分の立場からしか世の中を見ていないという大前提を理解しておくべきです。」

オキテ

入試小論文・作文とは
「俺のように考えて、俺にメリットを与えろ」に応えるもの！

原稿用紙の正しい使い方

①文頭や段落のはじめは一マスあける。

×
私の夢は

②閉じかっこ（」）や句点（。）や読点（、）を文頭に入れない。

×
」と母は言った。

③会話文は行を替えて一番はじめから。会話文の終わりは（。）と（」）を一マスに入れる。その次、地の文（本文）がくるときも改行する。最初の（「）は一文字必要。

×
ならいける。
」

○
「今ならいける。」

④縦《たて》書き原稿用紙の場合の数字、英語の書き方
数字は漢数字を使う。アルファベットは原則、カタカナ表記。
略語は使っていいが書き方に注意。

×
10人のGDPは

○
十人のGDPは

⑤小さい「っ、ぁ、ぃ、ぅ、ぇ、ぉ、ゃ、ゅ、ょ」も一マスに一文字。

×
その時、彼は笑って答
えた。

○
その時、彼は笑って
答えた。

第2章

まず、採点者のことを知る

7 入試改革で激変する小論文・作文対策

小論文・作文は、相手の頭で考え、相手にメリットを与えるものだってことはわかってきたね。だからまず相手を知ることが、勝利の鉄則だ。そしてその相手とは、細かくいうと国、教育委員会、学校、採点者がいる。この中で、特に意識すべき相手は、国と採点者だ。そこで最初は、国の頭の中をあばいていくよ。

というのも、実は、入試の問題や採点方針は国が決めている。それに基づいて、入試問題や採点基準が作られる。だから、国は入試に大きく関係しているし、国の頭の中を知ることが大切なんだ。もし、国の考えが変われば、問題はもちろん、採点基準も変わる。

でも、そんなの、急に変わらないでしょ？

そうでもないんだ。今まさに100年に一度といわれている教育の大改革が進んでいる。すでに高校・中学の入試の傾向が変わっている。その変化は明治維新《めいじいしん》や戦後の民主化以来の大変革かもしれない。そして、この変化は、小論文・作文の勉強に大きな影響を与える。

なぜなら、**小論文・作文の試験こそが、この大改革の中心になる**からなんだ。

なんで、俺の入試のときに変わるんだよ。ほんと。ついてない。

気持ちはわかるけど、ただ困っているだけでは事態《じたい》は何も変わらない。だから、「逆に面白い」って言って理由を考えてみてごらん。

国の方針が変わって逆におもしろい。その理由は……まあ、しいて言えば、新しい考えを勉強するチャンスになるかな。

逆に面白いっていうと、脳は勝手に良い情報を集め始めるんだ。国の狙いは世界に通用するエリートの育成。君たちは新しいエリートになるんだ！

オキテ

国の頭の中を意識する！

8 時代が求める新しい力

では、なぜ、今それほどの大変革が起こっているかわかるかい？

今、日本では、少子高齢化とかの問題が深刻《しんこく》らしいし、日本の会社が海外の会社に買収《ばいしゅう》されているとかも関係ある？

おぉ、鋭《するど》いね。少子高齢化問題は一番頭の痛い問題。その上、日本は世界との競争に負けつつある。さらに追い打ちをかけているのが、本来、人を豊かにするはずの技術革新《かくしん》なんだ。

どーゆうこと？

人間の仕事が人工知能（ＡＩ）に奪われるというショッキングな報告があったんだ。ゆきちゃん、蒼汰《そうた》君が就職するころには、多くの職業がなくなっているかもしれない。そんな状況だけど、今の日本は何もできないでいる。今の日本のエリートは、正解のある問題を解くのは得意。でも正解のない問題には全く対応できない。だから少子高齢化などの正解のない問題はお手上げ。

今は、**次に進むべき道を自ら考えて、そのために必要な課題を発見・解決していかなければならない時代**。だからこそ、道なき道を進んでいく新時代のエリートが必要になるんだ。

新時代のエリート？

そう。これから先は、世界で通用するニュータイプのグローバルエリートが必要だ。そこで、国と産業界が共同して、グローバルエリートの研究をしてきた。その結論として、グローバルエリートとは、「自ら課題を発見し、他人と協働して問題を解決できる人材」だとわかった。だから、今、小学校や中学校から、**主体性**、**コミュニケーション能力**、**問題解決能力**をしっかり身につけさせようとしている。

オキテ

問題解決能力が強く求められている！

9 採点基準はどう変わる？

問題を解決する力ってよくわかんないよ。

問題解決っていうのは、今の状況をよくしていく姿勢だよ。

下の図のように、現状の姿とあるべき姿のギャップを埋《う》めるのが問題解決なんだ。

これまでの入試では知識・技能を問う問題が中心。せいぜい、それに加えて、思考力、判断力、表現力が若干《じゃっかん》あればよかった。

でも、これから求められる力は全く異質な「問題解決能力」だ。

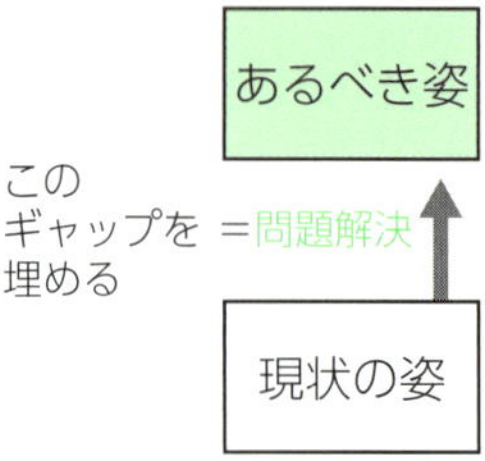

問題解決の2つの力

① 問題解決の能力…知識・技能をベースに、思考力・判断力・表現力を使って問題を解決する能力

②問題解決の態度…主体的に物事に取り組み、多様な社会や人を受け入れ、皆で協働して問題解決にあたる態度

国の新しい方針に基《もと》づき、小論文・作文で求められる力はこうなる！

これに伴《ともな》い、小論文・作文の採点基準も激変する！　この国の方針に基づき、各学校の採点基準はこう変わる。

【今までの採点基準】

評価	配点
適切な字数か	5点
正しい表記・文法で書ける	5点
主題は適切か	20点
主題を説明する材料は適切か	20点
内容に説得力・論理力があるか	25点
わかりやすい構成か	25点
合計	100点

【これからの採点基準】

評価		配点
問題解決の能力	知識・技能	10点
	思考力	20点
	判断力	20点
	表現力	20点
問題解決の態度	主体性	30点
	多様性	
	協働力	
	展開力	
合計		100点

オキテ

問題解決能力と問題解決の態度が大切になる！

10 求められている力は何か？

入試小論文・作文に求められるものが今、急激に変わってきている。でも、今、その変化にほとんど誰も気づいていない。だからそれを知った君たちは、超ラッキーだ。

今、求められる問題解決能力があるかないかを見るのに小論文・作文が最適なのね。

その通り！　ところで、国が進めている教育改革には、欧米の入試制度を真似《まね》して、日本で導入しようとしている部分が多い。だから、日本の教育改革の行き着く先を知るには、欧米の入試制度を知っておくことが重要だ。

例えば、大学ランキング世界ナンバーワンのスタンフォード工科大学の学長は「求める生徒像」についてこんなことを言っている。

「現段階で解決法がない科学の難問を常識にとらわれない方法で解決できるような、そんな可能性のある人を求めている。」

「問題解決能力」がキーワード。世界の入試はすでに問題解決能力が一番求められる力になっていて、日本も欧米にならって、この力が一番求められるようになってきている。

今、世界をリードする力が「問題解決能力」なのね。

ちなみに、東京大学でも、アメリカの入試に近い、推薦《すいせん》入試が2016年から始まった。この推薦入試で求められている人物像は、「グローバルな場でリーダーシップを発揮《はっき》する素質を持つ学生。すなわち、優れた基礎的学力を備えるとともに、現代社会のかかえる諸問題に強い関心を持ち、実社会の様々な事象から解決すべき課題を設定する能力、さらには他者との対話を通じて、その課題の解決に主体的に貢献する能力を有する学生」。今、国が教育の柱にしようとしていることが、ほぼそのまんま書かれているね。

問題解決能力がないと、これから生きていけないみたいな……。

今、**国はアメリカ型の問題解決能力の育成に向けて動いている**。小学生にも、問題解決能力が必要だと考えて授業での導入を検討中なんだ。

小学生から、問題解決？　やれやれだ。

でも、お母さんが言ってたんだけど、国の新しい試《こころ》み、例えば、ゆとり教育や、総合的な学習の時間は、学校の現場でうまくいかなかったって。今度の教育改革も、結局、空《から》回《まわ》りでしくじるんじゃないかって。

たしかに学校現場では、一部反発の声も上がっているみたいだね。でも、今度は国も、経済界・産業界も本気なんだ。だって教育を変えないと国がもたないから。

具体的には、まず大学入試で小論文、面接を必須にし、問題解決能力を持っていないと大学には受からないようにする。これにより、高校でも、問題解決能力を重視し始める。だって、高校の目的は、大学に生徒を合格させることにあるからね。そのために、高校入試では、問題解決能力の素養《そよう》をはかれる問題（特に小論文・作文）で受験生を選別するようになる。同じように、中学受験でも、問題解決能力が重視される。

実際、すでに、多くの私立中入試や高校入試、大学入試で、**問題解決能力を必要とする問題が激増**してきている。

オキテ

すでに高校入試では問題解決能力が注目されている！

第3章

小論文・作文の書き方の基本原則

11 問題解決能力とは？

問題解決能力が大切なのはわかったね。今の入試、特に小論文・作文では、この力がないとたちうちできないんだ。「満点メソッド」とは、実はこの問題解決能力を磨《みが》いて小論文・作文の解答を作りあげる手法でもあるんだ。

さて、その問題解決とはなんだろうか。簡単に言うと**問題解決とは、「現状の姿」と「あるべき姿」の間のギャップを埋めること**。問題解決っていうと難しく感じるかな。でも、ちょっと考えてみて。生きるってことは、問題の出現、そして、その解決の連続にほかならないんだ。僕たちの生活はこの言葉を中心に回っている。

でもさ、なんで問題が起きるのかわかるかい？

え〜。私たちがダメだから？

違うよ。それは、君が成長するため。素敵な人間になるために、問題は出てくるんだ。解決するたびに君は、一歩素敵な人になる。そして、人や社会の役に立てる人になる。それが君の幸せにもなる。

楽しく生きるには、問題を成長の機会ととらえること。問題が起きたとき、普通の人はこう考える。「困った」「嫌だな」。だけど、成長し、成功する人間はこう考える。「これはチャンスだありがたい！」「逆に面白い！」。

ふ〜ん。そういうもんなんだ。問題がチャンスなんて考えたこともなかったよ。

こんどからは、問題が起きたら、「これはチャンス。ありがたい」って思ってみてね。

さて、こらから君に世界最高の問題解決の手法を教えていくよ。これを学んだら、君は小論文・作文で圧倒的に有利な位置にたてる。それだけじゃない。君は毎日起きる問題にどう取り組んでいいかわかるようになる。問題解決の方法を学ぶことは、毎日、楽しく生きて、日々、成長していく方法を学ぶことでもある。そして、いつの日か君は、将来の日本のエリートになることだろう。

今から、世界ナンバーワンの問題解決方法を君に教える。

まず、問題解決には手順がある。

問題解決の手順

WHAT（あるべき姿）を決める。次に現状とギャップを埋めるためにWHERE→WHY→HOWの順で考えていくのが問題解決のフロー（流れ）。このWHERE→WHY→HOWのところを「問題解決フロー」と呼ぶよ。

①WHAT　あるべき姿って何？
↓
②WHERE　そもそもどこが問題？
↓
③WHY　それはなぜ？
↓
④HOW　で、どうするの？

この順番で考えていくことが大事だよ。

オキテ

WHAT→WHERE→WHY→HOWの順で考える！

12 問題解決フローを理解する

問題解決には、考える順番がある。「問題解決フロー」をもう一回みておこう。

どこが問題か（WHERE）→その問題はなぜおきるのか（WHY）→じゃあ、どうすれば解決できるか（HOW）

この順番が大事。どうしてこの流れで考えることが大切なのかちょっと考えてみようか。

例えば、蒼汰《そうた》君。よくお母さんに怒られているんじゃないかな？　ゲームのやりすぎとか、テストの点が悪いからとかで？

テストの答案用紙が返された日は、ほぼ確実に毎回、怒られてる。まあ、テストはいつも20点くらいだから。お母さんが怒るのもわかるけど。

どうやって解決したらいいと思う？

テストが戻ってきた日はさ、家の手伝いしたり、その日だけゲームやめて勉強するふりしたらいいのかな。とりあえず、お母さんの機嫌《きげん》は直るかも。

うん。悪くない。けど、テストのたびにいつも蒼汰君は、お手伝いしなくちゃダメだし、そのたびにゲームできないのも嫌だよね。こういった解決策は本当の解決策とは言わない。こういう解決策を「**なんちゃって解決策**」という。

ＷＨＥＲＥとＷＨＹを飛ばして、こんなふうにすぐにＨＯＷ「で、どうするの？」に飛びつく解決策は、本当の解決に結びつかないことが多いんだ。ＨＯＷの思考から始める人が多いけど、これはよくないんだ。

そっか。じゃあさ、こんなのはどう。怒ってるのはテストの答案用紙が見つかるのが原因だと思うんだよね。だったら見つかる前に、捨ててしまうのがいいんじゃない？

うん。この解決策はさっきよりはいい。いきなり解決策を考えるんじゃなくて、問題の原因（お母さんが怒る）を考えてる。一歩進んだ。でも、それって本当に解決策？　どうせ、三者面談でばれて三倍返しで怒られるんじゃない（笑）。原因をつきとめて、対策を練るのは重要。でも、本当の原因をつかまえないと、一時的な解決にしかならない。それらしく見えるけど、真の原因じゃない原因を、「なんちゃって原因」という。

さっきから、蒼汰君の解決策がへんな方向にいくのはね、蒼汰君の考える「あるべき姿」や「問題点」と考える場所がちょっとずれているからなんだ。**「あるべき姿」が間違って設定されると、問題解決フローを使って問題を解決しても、本当の問題解決にはつながら**

ない。

間違った「あるべき姿」が設定されると、間違ったところが「問題点（WHEREどこが問題？）」と設定される。この間違って設定された問題点を「なんちゃって問題点」という。「なんちゃって問題点」にたいして、いくら、原因を分析し、解決策を考えたところで、本当の解決にはつながらない。

問題解決は、あるべき姿の正しい設定。次に解決すべき問題の特定（WHERE）。

蒼汰君の頭の中は、こんな感じかな。

うん。こんな感じ。

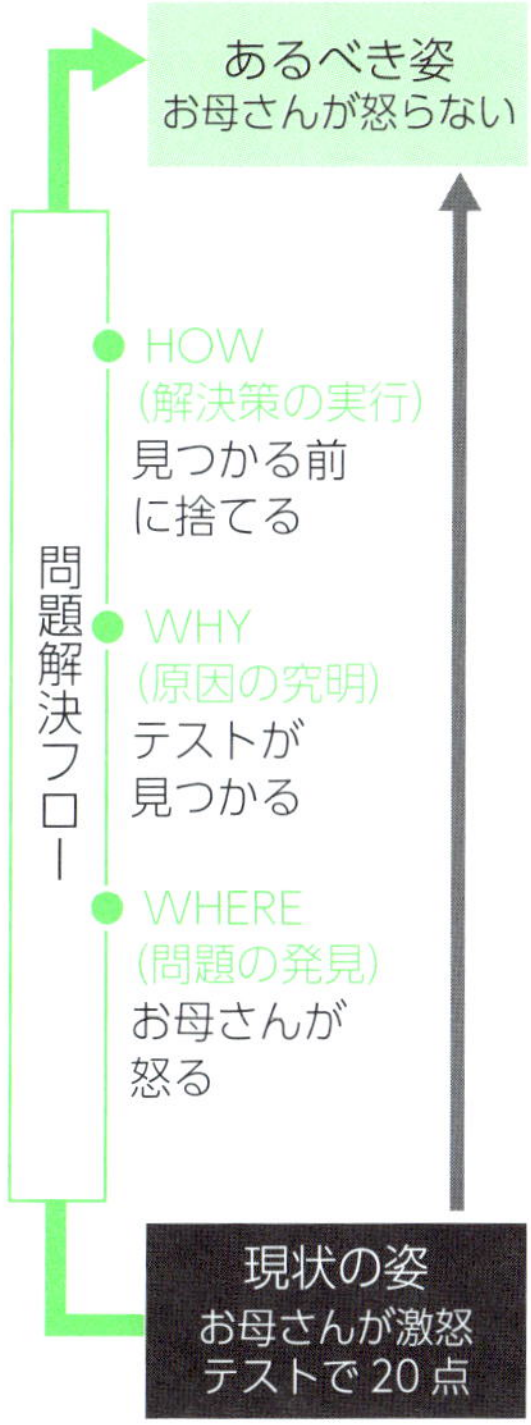
あるべき姿
お母さんが怒らない
問題解決フロー
HOW
（解決策の実行）
見つかる前に捨てる
WHY
（原因の究明）
テストが見つかる
WHERE
（問題の発見）
お母さんが怒る
現状の姿
お母さんが激怒
テストで 20 点

あるべき姿、おかしいでしょ。もっと根本的に、テストで90点とるとかにすればいいんじゃないの。

無理無理。せめて70点にして。

あるべき姿って、実は、人によって変わるんだ。正しいあるべき姿を見つけるためには、今、起きている問題にとらわれすぎてはいけないんだ。今、起きている問題に対するあるべき姿って、実は、目標みたいなものだよね。

でも、その目標をかなえるのは、もっと先に、何かを夢みているからだよね。**あるべき姿＝目標、この先に、本当にめざしたいゴール＝夢がある**んじゃないかな。そこも一緒に考えないと、問題解決は失敗に終わる。

オキテ

問題解決には、まず正しいあるべき姿を見つけることが大切

13 夢実現フローを理解する

ふ〜ん。問題解決には、めざしたいゴールや夢が必要なんだ⁉ 俺は、実はね、夢だけど、獣医師とかになれたらいいなって思ってるんだ。

素敵な夢だね。ちょっと、今の話を図にしてみるよ。

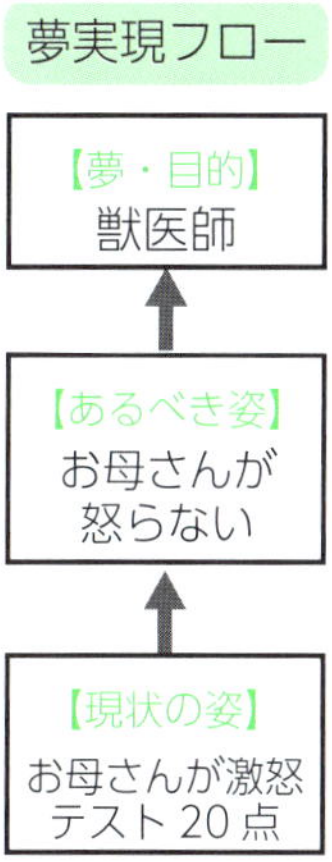
夢実現フロー
【夢・目的】
獣医師
【あるべき姿】
お母さんが
怒らない
【現状の姿】
お母さんが激怒
テスト 20 点

なんか変じゃない。流れが悪い！

この「**現状の姿→あるべき姿→夢・目的**」を**夢実現フロー**と呼ぶよ。同じ、現状をみても、その人の夢が何かで、あるべき姿は変わってくる。その人の夢を実現するために、現状→あるべき姿→夢へと続く流れ《フロー》。だからこの流れを夢実現フローっていうんだよ。

満点メソッドとは、実は問題解決フローと、夢実現フローの組み合わせでもあるんだ。

さて、蒼汰君の夢実現フローの流れが確かに悪いかもしれない。どうしてだろう？

夢・目的と現状の姿の真ん中の、あるべき姿がなんか違うような。

そうだね。あるべき姿とは、現状が夢に一歩、近づいていくような感じがいいね。でも、蒼汰君が書いたあるべき姿の「お母さんが怒らない」では、ちょっと夢へつながっていく感じにならないね。じゃ、あるべき姿は何を入れればいいかな？

夢への流れか……わかった。例えば、テスト70点。このあるべき姿なら夢に近づく！

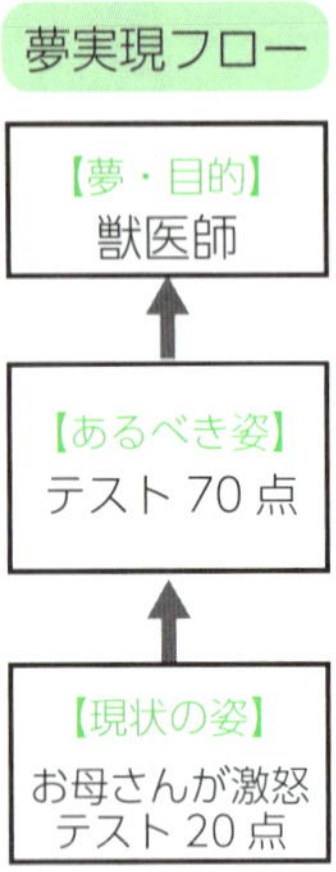
夢実現フロー
【夢・目的】
獣医師
【あるべき姿】
テスト 70 点
【現状の姿】
お母さんが激怒
テスト 20 点

今度は流れがよくなった。

問題解決をするためには、目先の「あるべき姿」だけでなく、もっと先の夢や目的もセットで考える必要があるんだ。そして**「現状の姿」が「夢・目的」に近づくように「あるべき姿」を考えていく**。あるべき姿とは、夢への中間目標のようなものだね。ところで、人の夢や目的はそれぞれ違うよね。けどみんなに共通する部分もあるんじゃないかな。それは、多分、今の自分の限界をこえて成長し、そしてその結果として誰かの役に立てる人間になることなんじゃないかな。最終的には人の幸せを応援できる人。蒼汰君にとってそれが、獣医師なんじゃないのかな。

人の幸せを応援する……素敵かも!?　でも、自分の幸せはどうなるの？

人はね、実は自分の幸せを追い求めるより、人の幸せを応援することで、一番幸せになれるんだよ。実際、今、僕は君たちの成長が何より幸せだしね。

この夢実現フローって、小論文・作文で、なんか重要な気がする。人によって、同じ現状をみても、あるべき姿が変わってくるから。

そう、鋭いね。だから、相手の頭で考えることが重要なんだ。小論文・作文では国、採点者が「このテーマの現状はこうなっている。あるべき姿にするために、どうしたらいいのか」という問いが多い。その問題解決策を君たちに聞いてくる。その時、あるべき姿は、相手の夢・目的にとってのあるべき姿が正解となる。

オキテ

「夢・目的」に近づくように「あるべき姿」を考える！

14 真の問題点を見つける

問題解決能力とは、（問題のある）現状を、あるべき姿に変える力。ただ、あるべき姿を現状から導きだすためには、もう一つ上の夢・目的を考える必要があるんだったね。

例えば、「読書についてどう思いますか」という問いに対する答えは、最初から決まっている。なぜなら、相手のゴールは最初から決まっているから。

・「現状」は本を読まない人が多い。

・「国、採点者の夢・目的」は大学合格、いい人柄。そして問題解決能力のある生徒。

とすると、この読書というテーマにたいする「あるべき姿」は、「読書はするでしょ。普通」というようなものになる。

そうなってない現状の問題点の発見↓原因究明《きゅうめい》↓解決策の提案。こんな流れになる。だから、最初に、相手の頭の中を知る必要があるんだ。だから受かる人は、相手の頭で考える！

なんかこの「満点メソッドでの書き方」が当然に思えてきた。さっきまで、小論文・作文とは、自分の頭で考えて、自分が書きたいことを書くもんだって思ってたのに。

2人ともいい感じだ。さあ、続けて問題解決手法をもう少し深く学んでいくよ。問題解決の順番をもう一度みておこう。

・まず、何があるべき姿なのかを考える（WHAT）
・あるべき姿になるのを妨《さまた》げている問題がどこにあるか見つける（WHERE）
・その問題の原因を特定する（WHY）
・その原因に対しての打ち手（どうやって解決するか）を考える（HOW）

最初のWHAT（何があるべき姿か）の見つけ方は理解できたね。「あるべき姿」とは、「現状」と「夢」の中間にある。だから「あるべき姿」は夢に近づくように決めるんだったね。

次は、WHEREに進むよ。問題点がどこにあるかをつきとめるんだ。問題点には、「なんちゃって問題点」と「真の問題点」の2つがあったね。どうやって真の問題点をつきとめるかがポイント。区別は、**「なんちゃって」のほうは、問題の現象として現れる。この現象を、一度頑張ってつぶしても、問題は次から次へと発生する。**ちょっと、蒼汰君の普段の日常で考えてみようか。蒼汰君の20点のテストの結果、どんな問題が起きてるの？

まず、お母さんが怒る。で、お母さんの機嫌が悪いから、両親のケンカも多くなる。その上、学校の先生にも怒られる。さらに、クラスでも頭が悪いと思われてる。

いろいろ大変なんだね。早く問題を解決しないとね。でも、いくら問題を解決してもそれが「なんちゃって」の方なら意味がない。

例えば、蒼汰君が、答案用紙を捨てたとしても、結局、次のテストでまた同じことになる。問題解決とは、同じ問題が二度と起きないようにするもの。つまり問題の根っこにある真の問題点を特定し、それを解決しなきゃ意味がないんだ。

お母さんが怒ったりとかは、実は、すべて問題の現象にすぎない。真の問題を見つけるには、問題をまず広く考える。現象の根っこの部分を見つけることが大切。いろんな問題に影響を与えている最重要の真犯人を見つけ出す感じだ。蒼汰君、じゃあ、真の問題点はどこだろう？

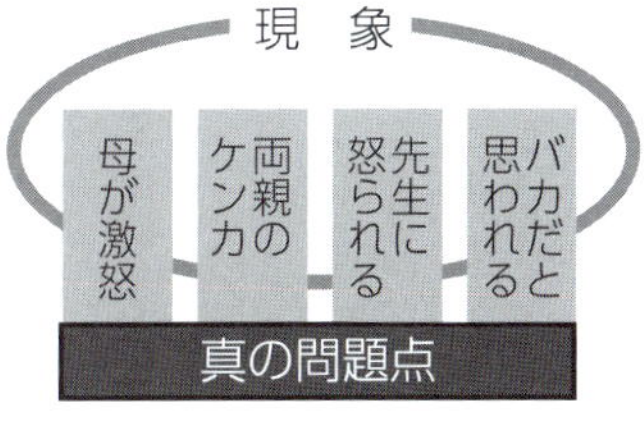
現象
バカだと思われる
先生に怒られる
両親のケンカ
母が激怒
真の問題点

うん。なんとなくだけど、20点のテストをとるような勉強方法とかかな。

その通り。その問題点を解決すれば、現象としておきていた問題も消えてなくなる。

オキテ

現象にだまされない。
一網打尽で現象も消える「真の問題点」を見つける！

15 真の原因を見つける

真の問題点はわかった。じゃ、次はどうする？

次はテストで20点をとらないような解決策（HOW）を考えればいいんだね。

そうだったっけ？　問題解決フローの順番はどうだった？

ん〜と。順番はWHERE→WHY→HOW。あっ、解決策（HOW）を考える前に、原因（WHY）だ。

そう。問題点の発見の次は、原因究明。急いで解決策にいきたい気持ちはわかるけど、本当の原因を見つけなくちゃ、やっぱりその場しのぎの解決策で終わってしまうんだ。それに、原因を特定しないと、あまりにたくさん解決策ができてしまう。真の原因を見つけるコツを教えるね。それは、**3回くらいWHY（なぜ）を繰り返す**こと。このとき、WHYだけを繰り返すと永遠《えいえん》に真の原因にたどり着けないこともある。**真の原因にたどり着**

くには、「WHY」と「それって本当?」をペアで使おう。「それって本当?」とは、事実をベースに考えることでもあるんだよ。問題解決では、事実をベースに考えていくことが重要だ。

じゃ、やってくよ。なぜテストが悪いの?

当ったり前じゃん。勉強してないから。

じゃ、なぜ勉強しないの?

先生の教え方が悪いし……。

それって本当?

まあ、授業中に寝てるから、先生の教え方はあんま関係ないかも。でもさ時間が、毎日足りないんだ。

なぜ足りないの?

部活で忙しいから。

それって本当？　君の部活で勉強できる人もいるでしょう。君はなぜできないの？

う～ん。部活もあるけど、もう一つの原因はスマホのやりすぎかな。

こうやって、WHYと「それって本当？」を繰り返すと真の原因にたどり着けるんだ。
真の問題点は、スマホのやりすぎ。
素直に自分の未熟さを認められるのが、伸びる人の特徴《とくちょう》。人のせい（先生が悪い、部活

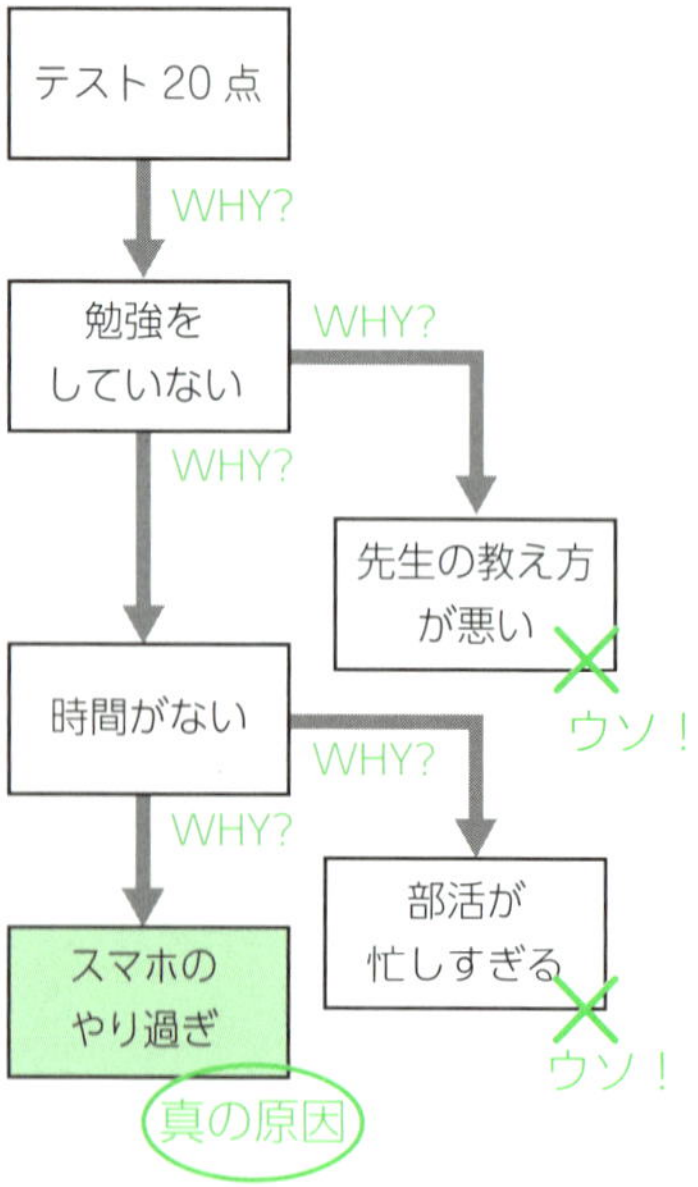

テスト 20 点
WHY?
勉強をしていない
WHY?
先生の教え方が悪い
ウソ！
WHY?
時間がない
WHY?
部活が忙しすぎる
ウソ！
WHY?
スマホのやり過ぎ
真の原因

3回の WHY で真の原因にたどり着けたね。ちなみに本当じゃない原因は、それ以上深掘り（WHYの繰り返し）しないでいいよ。

が忙しい）にしているうちは、いつまでたっても伸びない。
起こることは、たいていは自分の責任。そう思える人に、いろんなもの（運、実力、仲間）が君の味方になっていくよ。**実際の入試問題でも、解決策を考える時は、外（他人、外部環境）を変えようとするのではなく、自分を変えようとすること！** それが、採点者を味方につけるコツ。

オキテ

「ＷＨＹ」と「それって本当？」を繰り返して、「真の原因」を見つける！

16 マトリックスで分析する

さて「真の問題点」がわかり、「真の原因」がわかってきた。次は、この「真の原因」をたたきつぶす解決策にいくよ。真の原因はスマホをする時間が長すぎることだった。じゃあ、次、どうすればいい。打ち手をまず広く考えよう。何かアイデアはある？

蒼汰、毎日、何時間くらいスマホを利用しているの？

そんなの計《はか》ったことないけど、家にいるときはずっとそばにおいてる。まあ、5時間は触ってるかな。

それじゃ、20点も当然。じゃあ、スマホを解約することが一番の解決策よね。それが無理なら、ゲームだけやめるってのもいいんじゃない？　どうしても嫌なら、午後11時以降やらないとか。

いろいろ打ち手が出てきたね。どの打ち手を実行するか。そんなとき、役に立つのが**マトリックス**。マトリックスを使うと、下の図のように2つの指標、「実行のしやすさ」と「効果の高低」が一目でわかる。どの解決策が最も効果的で、実行しやすいかが一目でわかるでしょ。プロのコンサルタント（問題解決の専門家）も使っている方法だよ。蒼汰君、どの打ち手がいいと思う？

効果が高くて、実行しやすいのを選べばいいっぽいね。そうすると「夜11時以降、やらない」。

それがいいね。**まず、実行しやすくて、効果が高いものを、即実行！　それが問題解決の基本！**

オキテ

マトリックスを使って、効果的な解決策を見つけ出す！

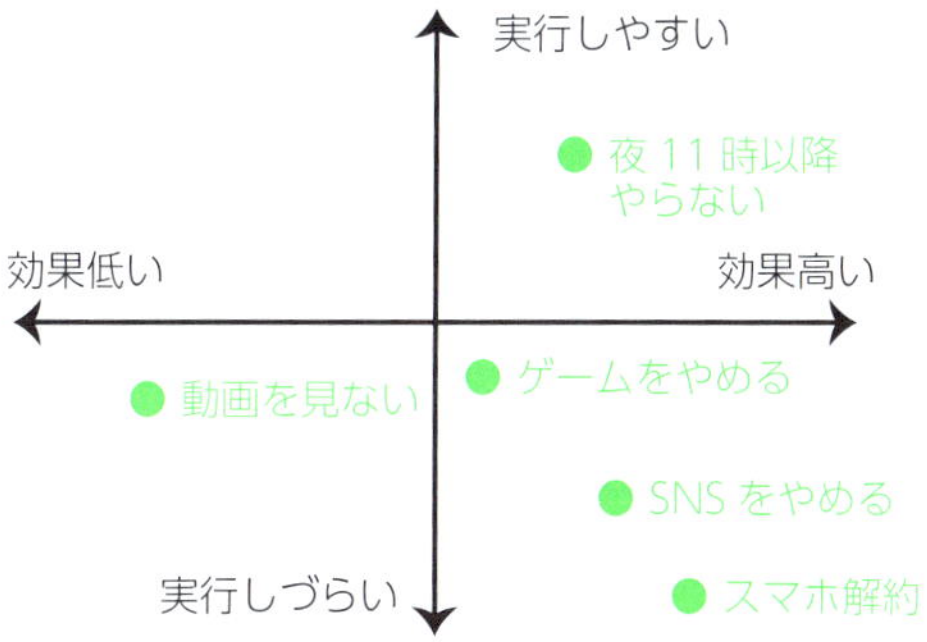
実行しやすい
実行しづらい
効果低い
効果高い
夜11時以降
やらない
動画を見ない
ゲームをやめる
SNSをやめる
スマホ解約

17 問題解決の態度とは？

問題解決のことがだいぶわかってきたね。

まだちょっと自信ないかも。

あとでたっぷり実践練習するから、今は概略《がいりゃく》がわかっていれば十分。それに他の受験生は、誰も何もわかっていない。ちょっと知ってるだけでもすごいよ！

ところで、新しい入試の採点基準を覚えてる？　下の図のような感じだったね。問題解決の2つの力は左をみて再度、確認してね。

【これからの採点基準】

評価		配点
問題解決の能力	知識・技能	10点
	思考力	20点
	判断力	20点
	表現力	20点
問題解決の態度	主体性	30点
	多様性	
	協働力	
	展開力	
合計		100点

問題解決の2つの力

①問題解決の能力…知識・技能をベースに、思考力・判断力・表現力を使って問題を解決する能力

②問題解決の態度…主体的に物事に取り組み、多様な社会や人を受け入れ、皆で協働して問題解決にあたる態度

先生、ちょっと待って。気づいたんだけど、採点基準は2つあるよね。「問題解決の能力」と「問題解決の態度」。「問題解決の能力」ってのは、今までやってきた問題解決フローとかで考えることだよね。じゃ、問題解決の態度って？

これは非常に重要なんだ。具体的に説明していくよ。ところで、蒼汰君は何の部活をやってるの？

部活？　サッカー部だよ。まあ、補欠《ほけつ》だけど。

レギュラーになりたいよね。ちょっと厳《きび》しい質問だけど、レギュラーになれないのはどこに問題があって、その原因は何か考えてみようか。問題解決フローの考えを使って考え

てみて。

う〜ん、問題点は、スタミナがないことかな。後半動きがにぶくなるんだよ。原因はわかっている。ランニングが嫌いでさぼってるから。

じゃ、解決策は毎朝、20分ランニングとかするといいんじゃない。一緒に走ってあげようか？ 私は陸上部だし。

嫌だけど、レギュラーになりたいから、やってみようかな。

2人とも問題解決マインドが身についてきてるね。すばらしい。今やったように、個人の問題は、「問題解決の能力」だけで解決できることが多い。でも解決すべき問題が大きくなるとどうかな？ 蒼汰君、サッカー部の目標は何かな？

ずっと地区大会で最下位だから、今のチームの目標は、地区大会で優勝。

そっか、地区大会優勝か。そうすると解決すべき問題は山のように出てきそうだね。ちょっと考えてみて、どんな問題があるかな？

まず第一に部員不足。11人しかいないから、誰かがケガしたら即アウト。だから、部員募集のポスターを用意できれば集まるんじゃないかな。

強くなるには練習試合も大事よ。土日に練習試合を組むために他校と交渉《こうしょう》が必要よね。練習メニューも最初から見直す必要があるわ。朝練のため、学校のお弁当を朝6時までに準備できてるようお母さんに依頼も必要。

2人ともすごいね。解決すべき課題が次々と出てきたね。

さて問題解決の能力とは、知識、技能、そしてそれらをベースに思考力、判断力、表現力で問題を解決する力だったね。でも、それだけで、このサッカー部の問題を解決することは難しいんじゃないかな。

こういったとき必要になるのが、**問題解決への態度**なんだ。例えば、「まず優秀な新人部員獲得」を最初に実行すべき解決策として、みんなで決めたとしたら、その後には、こんな部員同士の連携が必要になるんじゃないかな。

部員A：俺、補欠だから、一番時間のかかるポスター描《か》くわ。でも文は微妙《びみょう》。

部員B：じゃ、俺と部長でポスターに書く文は考えるよ。

部員C：俺は話すの得意だから、新入生に声掛けしてみるよ。

こんな感じかな。こういった時に必要な力こそが、問題解決への態度なんだ。今、部員

A、B、Cがやったことが大切。つまり……

□自主性・行動力

まず、みんなが問題を自分の問題ととらえ、自主的に行動する態度が必要。

□多様性を受け入れ、利用する力

人は、みんなそれぞれ違った才能や性格をもっている。その一つひとつがみんな宝物。だから、一人ひとり、違う人を、認め合い、みんなで協力することができれば、一人じゃ解決できないことでも、解決できるようになる。

□協働力・貢献力

例えば君が自分のためだけの練習をしていたら、チームは強くならないかもしれない。だから、自分だけのことでなく、チームの目標に共感し、チームに貢献する姿勢も大切。

□進歩を定着させる力・展開していく力

いろんなことをやって、今年はなんとか新入部員が集まったとしても、来年どうなるかわからないよね。だから、同じ問題が繰り返されないようにすることが大切だよ。うまくいったらいったで、それを来年以降も定着・進歩させる。また、サッカー部でうまくいった方法を、同じように困っている野球部にも教えてあげる。そうすると学校の力が強まるね。

オキテ

大きな問題には、「問題解決へ向かう態度」も大切！

小さな問題は
1 人の問題解決能力で大丈夫

大きな問題は
問題解決能力＋問題解決への態度
みんなで取り組む

18 出題される問題とは？

ここまでよく頑張ってきたね。第3章コンプリート（攻略）のお祝《いわ》いも兼《か》ねて、プレゼントがわりにいいことを教えてあげるね。実は、入試に出題される小論文・作文のテーマは、最初から8割がた決まっている。なぜかわかるかな？

わかんない！　わかったら苦労しないよ。

国が問題だなって思っていることが各高校の小論文・作文の題材として出題される。だから彼らの頭の中にもぐりこみ、それを探り出せばいいんだ。

特に今、一番ホットで最新の話題は、「教育改革」。その内容をひもとくことで、入試で問われる問題がすでにバレバレなんだ。

そもそも入試問題では、現状とあるべき姿にギャップがあるテーマが出題される。そのギャップを君が解決できる人間かどうかをみているんだよ。

実際に満点メソッドの流れで考えてみよう。

まず、国にとっての夢・目的とは、

①世界で戦える人材の育成

②日本が抱える問題を解決できる人間の育成

つまり、世界との競争に勝ち、国内の問題を解決するための根っこには、「問題解決能力」がある。この「問題解決能力」の育成が国の夢・目的となる。

この目的をかなえるために、国が大問題だと考えていることが大きく3つある。3つの問題を「現状の姿」ととらえればいい。君は最初から、この3つのテーマに対して、模範解答を作っておくだけで、合格できる可能性は大幅にアップする。

その国が考える3つの最重要課題は……

①読書をしない生徒は問題だ！　……高校生の半数以上が読書をしない。

②スマホをしすぎる生徒は問題だ！　……男子の一日の平均利用時間は3.8時間。女子は5.5時間。

③授業外の学習時間が少ない高校生は問題だ！

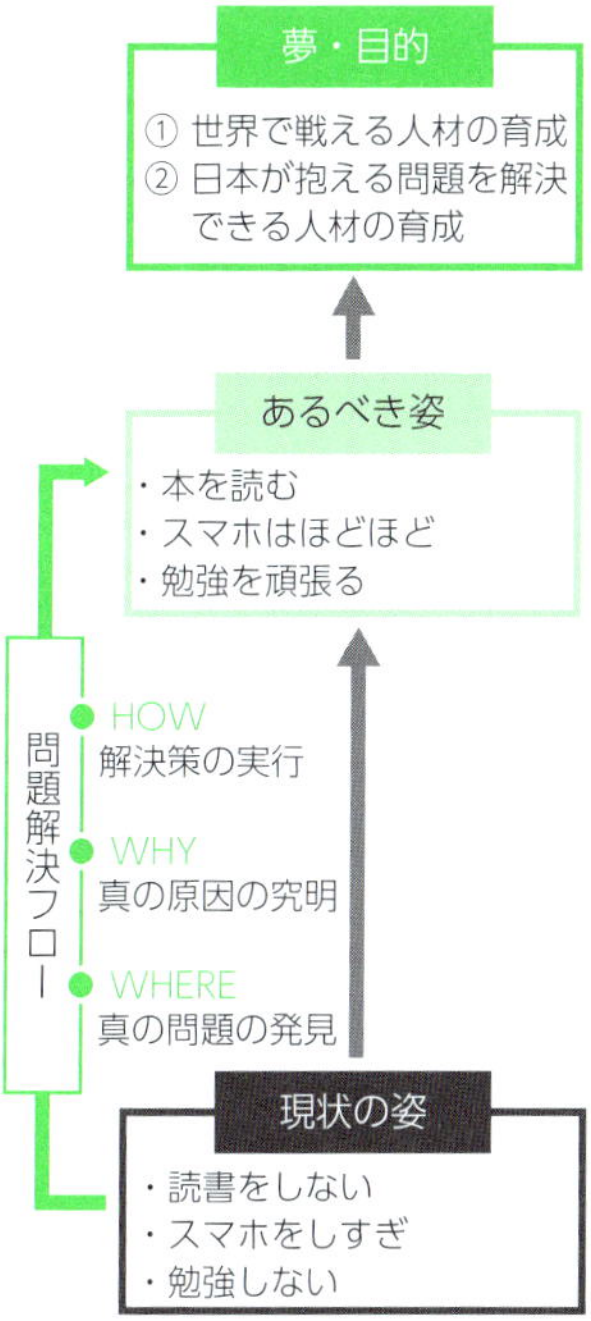
夢・目的
① 世界で戦える人材の育成
② 日本が抱える問題を解決できる人材の育成
あるべき姿
・本を読む
・スマホはほどほど
・勉強を頑張る
問題解決フロー
HOW
解決策の実行
WHY
真の原因の究明
WHERE
真の問題の発見
現状の姿
・読書をしない
・スマホをしすぎ
・勉強しない

……高校3年生の場合、約6割が1時間未満。

書くべき答案のイメージはこんな感じ。例えば、「読書」についてなら、前は本を読まなかった君が、その問題点に気づき、読まなかった原因に有効な解決策を実行。そして今は本に親しむ君。そんな文を書けばいい。今は書くべき小論文のイメージがつかめれば十分だよ。

国にとってのあるべき姿が自分だよ、ってアピールすることが大事ね。でも、蒼汰は、国が問題と思っている3つ（読書しない、スマホをしすぎ、勉強しない）に全部あてはまってる（笑）。

ほっといてくれ！

オキテ

読書・スマホ・授業時間外の勉強時間
この3つだけの対策で入試は乗り切れる

第4章

高得点を取るための考え方

19 満点をつけたくなる小論文・作文の基本

さあ、国の頭の中がはっきり見えてきた。でも、もう一人の頭の中もはっきりしておかなくちゃダメだったね。誰だっけ。

採点者よね。

その通り。**小論文・作文で求められているのは、国や採点者にとってのあるべき姿。**ちょっと例題で考えてみよう。ゆきちゃん、蒼汰《そうた》君。君たちにとってスマホの問題とは、何だろう。

既読《きどく》スルーする人とか嫌い！　あと、私と一緒にいるのに、スマホばっかいじってる友達もどうかと……私はどうでもいいの？　って思っちゃう。

俺はあれだな。今、ゲームで月1000円くらいしか使えないから、強いアイテムが手に入らない。月5000円くらい使えたら、あっという間にゲームクリアできるのに。

なるほど。じゃ、「スマホ利用についてあなたの意見を書きなさい」って問題なら、ゆきちゃんと、蒼汰君の夢実現フローはこうなるね。

ゆきちゃんの夢実現フロー

夢・目的
毎日友達と楽しく

↑

夢をかなえるために あるべき姿
目の前の友達を大切に！
既読スルーはしない

↑

現状の姿
いつもスマホに夢中
既読スルーが多い

蒼汰君の夢実現フロー

夢・目的
ゲームのクリア
友達に自慢

↑

夢をかなえるために あるべき姿
毎月 5,000 円は
ゲームに使える

↑

現状の姿
ゲームに使うお金は
毎月 1,000 円くらい

で、次のステップは、問題解決フローをつかって、現状をあるべき姿に変えていく解決策を考えていくのが、満点メソッドの書き方。でも、これ、本当に満点メソッドになってる？

あっ、そうだった。小論文・作文はあくまで相手の頭で考えなくちゃダメだった。国は、スマホ利用を望んでいないんだったわね。

そうだね。でも、やっちゃダメとは国は思っていないよ。4時間も、5時間も、毎日やるのは問題だと思っているだけ。そうなると国のゴールが達成できなくなるからね。

そっか、だから採点者の頭の中も、しっかりと理解しておくことが重要なのね。

その通り。**夢実現フローとは、結局のところ、国と、採点者の思考方法を知って、それに合わせて「あるべき姿」を設定し、解決策を考えていくこと**なんだ。

オキテ

採点者が自分で書いたような小論文・作文だけに満点がつく

20 採点者の2つの夢を理解する

小論文・作文は、まず相手の頭の中を探《さぐ》ることが重要なのはわかってきたね。

うん。わかってきた。なんか当たり前って感じ！

さて、採点者とは学校の先生でもあるよね。その先生の夢・目的は実はたった2つ。この2つをクリアする生徒に来てほしいんだ。

まず一つは**授業についてこられる生徒に入学してほしい**。勉強についてこられないと、大学進学に大きな影響を与える。私立なら存続の危機。公立高校だって、大学進学状況は、翌年の入学志願者の質と数に大きな影響を与える。それに、採点者にとっても、自分の授業を聞かずに、寝たり、場合によっては、騒《さわ》いで邪魔《じゃま》したりする可能性のある生徒に入学してほしくない。

もう一つは**問題を起こさない生徒に入学してほしい**。（特に仲間とうまくやれるかとい

うこと）

クラスで浮く生徒も先生にとっては大変。いじめる人はもちろん困るけど、本音は、いじめられる生徒も困る。不登校などになれば、対応に膨大《ぼうだい》な時間がとられる。犯罪に走る生徒ももちろん困る。コンビニから、万引きの通報で呼び出されたりするのは大変。

だから、学力と人間力の2つの保証を採点者は求めているんだ。

小論文・作文とは、採点者にとっては、ぶっちゃけ、学校や採点者が君を入学させると「得か損か」を判断するもの。「この生徒が自分のクラスに入ったとき、それは自分にとってメリットがあるかどうか」ということ。

得にならない生徒は、できれば落としたい。損になる生徒は、全力で落としたい！

生徒が、どのレベルなのか判断するのが入試小論文・作文。

俺はよっぽど気をつけないと、落としたい生徒ナンバーワンになりそう……

オキテ

採点者は「授業についてこられる」「問題を起こさない」
その2つの保証がある生徒を求めている

21 満点答案の核心とは？

小論文・作文の問題の中には、学校が頭を痛《いた》めているテーマが必ず入っている。学校や採点者にとって頭が痛い問題に関するテーマだ。その未解決の問題に対して、君がどう答えるかが問われている。

その中で、君が**採点者にアピールすべきことは、「私はあなたの夢を理解している。あなたの夢や願いをかなえる方法も知っている。私があなたの望みをかなえる人ですよ」ってこと**なんだ。

じゃあさ、俺は勉強頑張るし、人間関係頑張るって書けばいいだけじゃん。

うん。その考えは半分あってる。蒼汰君の言う通り、私立高校の推薦入試の作文なら楽勝。私立推薦入試で多い「高校生活で頑張りたいことは何ですか？」といったような問題なら、さっきの「学校の2つの夢」に気をつけて、作文をでっちあげれば、あっという間に合格ライン。

学力の保証についてなら、高校入学後に勉強を頑張る目的があることを示せばいい。例えば、大学にいく必要のある医師や教師になりたいとか。

人間性の保証についてなら、中学で人間関係やコミュニケーションの取り方で苦労した結果、今はうまくできるように成長した。高校入学後はさらに頑張りたいとか。

自分の夢や願いではなく、採点者の「たった2つの夢・目的」に関連して、文をつくれば簡単に合格レベルの文ができあがる。

でも、学校も工夫《くふう》をして、そう簡単に答えられないように、いろいろ巧妙《こうみょう》な問題を作ってくる。例えば、「読書についてどう思いますか?」とか。まっさきに落ちる人は、この問いに対し自分の頭で考えて、「読書を最近していません。部活と受験勉強で忙しかったからです」とか「本は必要ないと思います。ネットで情報はとれるからです」とか書く人。

(今、俺、そう思ったけど。言わなくてよかった……)

こういった問題には、君がどのレベルの生徒かをチェックできる仕掛けが巧妙に隠されている。採点者、国の考えははじめから決まっている。

今、半数の高校生が読書をしない。読書をしない生徒になんて来てほしくない。読書が好きな人に来てほしい。読書をすると、大学受験に必要な学力が身につく。読書をすると、他の人の立場から物事を考える練習にもなるので、クラスで仲間とうまくやる能力も身につく。読書をする生徒は、こんなふうに、「たった2つの願い」に強く貢献《こうけん》するんだ。

何を考えればいいか、何を答えればいいかについて、国と採点者の考えに合わせられる人だけが満点で合格する。どうしても、自分の考えを書きたければ、与えられたテーマに対する「採点者の夢・目的」、そして「国の夢・目的」と「君の考え」が交わる部分を書けばいい。

重なってる部分ね。小さくなりそう！　だからこそ、書くべきことは最初から決まっているのね。

そう。相手の頭の中をとらえれば、逆に楽。逆にあっという間に満点答案になるんだ！

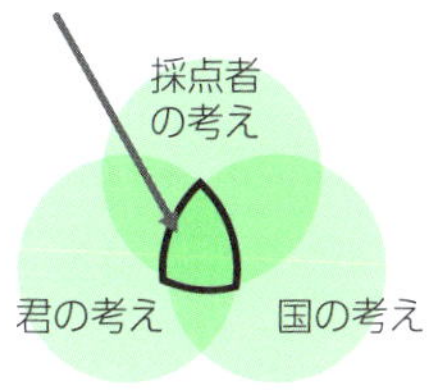

オキテ

「採点者の考え」「国の考え」「君の考え」の重なり合う部分が核心になる！

22 入試小論文・作文の狙いを知る

採点者の頭の中がわかってきたかな?

高校入学後、授業についてこられる生徒。それと問題を起こさない生徒。

要は、学力と人間性だったわね。それを採点者に証明することが大切!

その通り。入試小論文・作文とは、君が「採点者の2つの夢」をかなえられる生徒かどうかを試すもの。次は、どうやって試しているかを伝えるね。

小論文・作文のほとんどの問題は、採点者の夢を邪魔《じゃま》する可能性のあるテーマが選ばれる。言い換えると、教育現場で今、実際に問題になっていることがテーマに選ばれるんだ。

繰り返しになるけど、学校や採点者の頭の中には、その問題に対しての「あるべき姿」は決まっている。入試小論文・作文とは、君が採点者にとっての「あるべき姿」の生徒かどうか、つまり君が問題ある「現状」の生徒なのか、問題が解決できている「あるべき姿」なのかをみているんだ。でも、採点者も、直接聞いたって、どうせ「俺は採点者様の望んでいるような生徒だぜ」ってウソをつくことはわかっている。だから、巧妙に、そして間接的に聞いてくるんだ。学校や採点者は自分たちの意図《いと》を隠して、一見、「採点者の2つの夢」と何の関係もないような問題を作ってくることも多い。単純な生徒は、うっかりだまされて不合格の地獄に落ちていく。

でも、君たちは、ひっかかったらダメだよ。それどころか、君が「あるべき生徒」であることを証明しなくちゃならない。採点者にビシッと証明してみよう。

どうやって？

満点メソッドの問題解決フローを使うんだ。**問題解決フローを使えば採点者の疑いを完全に晴らすことができるんだ！**

オキテ

「問題解決フロー」で、採点者にとっての夢をかなえる存在だと証明する！

23 採点者の要求に応える

採点者は、長い教員生活の中で、いろいろ大変な思いをしてきて、多少疑《うたぐ》り深くなっている。だから設問の中に、君が「あるべき姿」の生徒かどうか、判定する仕掛けをこっそりと仕込んでいる。これに対して、採点者に「私はあなたが求めている生徒」だとアピールすれば、満点をつけてもらえる。

採点者は、自分たちの夢をかなえるために、今の問題のある「現状」をすでに解決したか、もしくは解決できる可能性のある生徒に入学してほしい。じゃあ、問題の解決はどうやってやればいい？

問題の解決は、これまでやってきた問題解決フローでできる。つまり、問題のありかをみつけ（WHERE）→その原因をつきとめて（WHY）→そして解決策を考える（HOW）。これを使えば、採点者の疑いを晴らせるんじゃないかな。

その通り。満点メソッドを使えば簡単に採点者の信用を勝ち取れる！ **採点者の夢実現フローから、「あるべき姿」を正確に導き出す。次に「現状」を「あるべき姿」にしてい**

くための問題解決を「問題解決フロー」を使って採点者に証明していくんだ。

このとき、特に3つのステージを意識することが大切だよ。採点者に満点をつけさせるには、この「3つのステージ」をクリアする必要があるんだ。

ファーストステージ：君は採点者の悩みを理解しているか？

つまり解決すべき課題（現状とあるべき姿のギャップ）を正確にとらえているか？

① 採点者の悩みを共有する。

まず出題されたテーマに対し採点者が現状の、何に苦しみ、何に悩んでいるかを理解することが大切。そして、採点者にとって、望ましいあるべき姿とは何かに気づけることも重要。現状のあるべき姿は、採点者の夢・目的から逆算して考えるとみえてくる。

② 「解決すべき課題」とは、「現状」と「あるべき姿」の間にあるギャップのこと。

君が、解決すべき課題、つまり採点者にとっての「現状」と「あるべき姿」をしっかりわかっていることを採点者に示す。採点者に「ああ、この生徒は俺と同じように考えることができる生徒だ」と思ってもらうこと。

「おべっかの法則」のところで学んだように、人は自分と同じ考えの他人に好感を持つ。

セカンドステージ：君は採点者の悩みを解決しているか？　君は問題を解決できている人か？

「できるというなら次の3つに応えられるはずだ」と採点者は考える。

①その問題のありかがどこか言えるか？（WHERE）

②原因は何だ？（WHY）

③具体的な解決策はあるか。実際に解決した方法があったなら言ってみろ！（HOW）

例えば「ルールについてどう思いますか」なら、「採点者は学校で生徒がルールを守らないことに苦しんでるな」という現状をまず思い浮かべる。ルールを守らない生徒が多いと2つの夢にも影響が出るよね。学力の面なら、例えば、「宿題をやってくる」というルールを守らなければ受験にも影響する。こんな感じで考える。学校の採点者はルールが守れない人が多くてしんどい思いをしている。だから、君が、他のルールを守れない人と違うことを証明するために、ルールを守れないことの問題のありかを示す。その原因を示す。そして、その解決策（できれば自分が解決してきた体験談）を示すんだ。

オキテ

採点者の悩みを理解し、解決していることを示そう！

24 採点者の要求を上回る

ファイナルステージの課題を伝えるまえにちょっと確認。

問題解決能力とは、「真の問題を見つける」「真の原因を探る」「真の原因をたたきつぶす解決策を実行する」。

ここまでのことはさっきやったよね。君が学んできたのは、世界一の問題解決手法を使って、小論文・作文を書く技。こんな方法は普通は知らないから、君が上位1％の天才になれるんだ。でもね、問題解決の手法にはまだ、先があるんだ。

問題を解決するだけじゃダメなの？　その先に何があるの？

それは、**その解決策がうまくいったなら、横に展開（横展《よこてん》）する**こと。君が問題を解決したなら、それをクラスメート伝え、友達の問題も解決してあげる力のこと。

採点者が悩んでいる問題に対して、自力で解決するだけでなく、周りをまきこんで解決していけるような人なら、その生徒はもう採点者にとって、願ってもない存在になる。それをアピールできたら、小論文・作文は満点になる。ファイナルステージは君にその力があるかを問うステージなんだ。

ファイナルステージ：君は採点者のクラス運営を助けてあげられるか？

問題解決の先には、さらなる課題が2つある。そのどちらか、もしくは両方をクリアできたなら、君は採点者にとってかけがえのない仲間だ。

その2つとは、まず、**解決策を高校入学後、定着・進化させられるか**。次に、**解決策を他の人につたえられるか**。ここでは問題解決の態度も関連してくるね。

たとえば、「ルールについてあなたの意見を書きなさい」という設問の解答ならこうだ。

「私は高校に入学後は、もう二度と人を傷つけないよう、ルールを守る人に成長したい。また、守っていない人をみつけたら、自分の過ちを伝え、みんなが安心してすごせるようにしていきたい。」

オキテ

解決策を「定着・進化」させ「広められる」ことを示す！

●採点者に満点をつけさせる３つのステージ

ファーストステージ

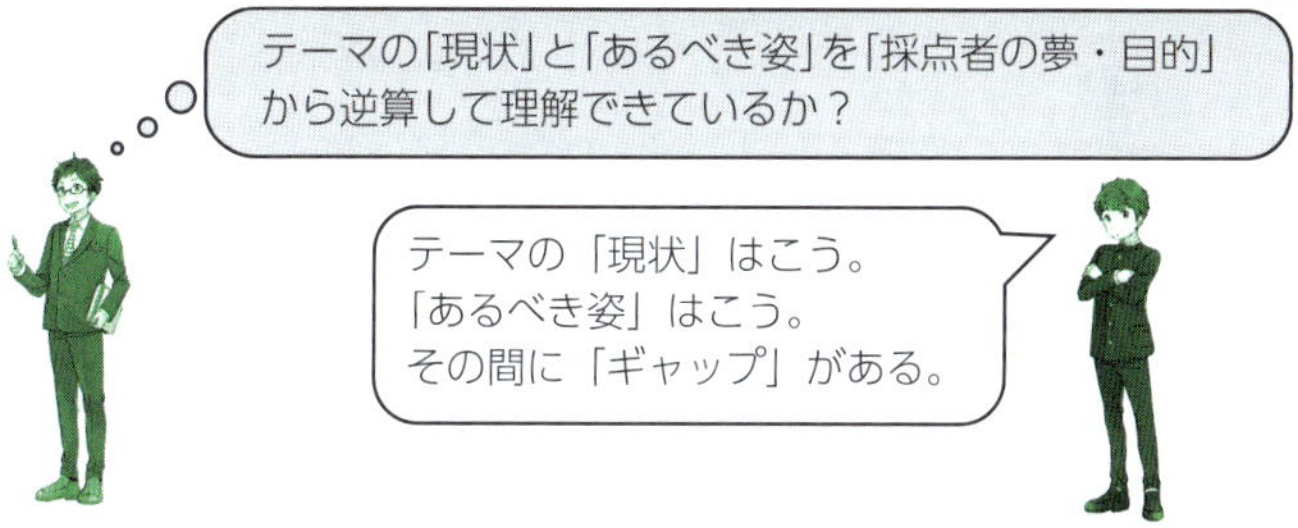
テーマの「現状」と「あるべき姿」を「採点者の夢・目的」から逆算して理解できているか？
テーマの「現状」はこう。
「あるべき姿」はこう。
その間に「ギャップ」がある。

セカンドステージ

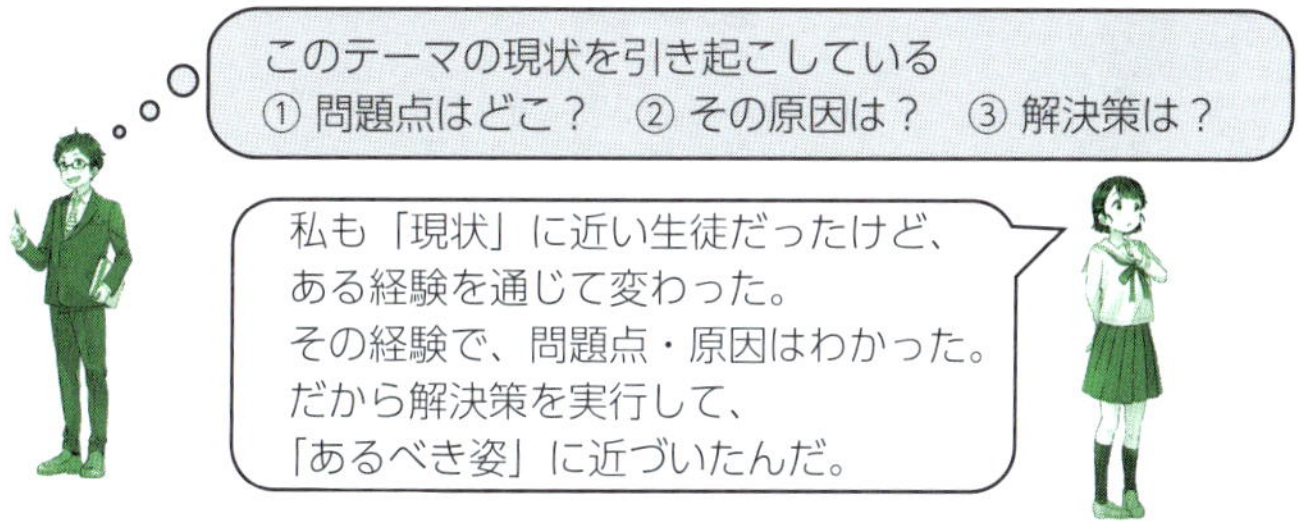
このテーマの現状を引き起こしている
① 問題点はどこ？ ② その原因は？ ③ 解決策は？
私も「現状」に近い生徒だったけど、
ある経験を通じて変わった。
その経験で、問題点・原因はわかった。
だから解決策を実行して、
「あるべき姿」に近づいたんだ。

ファイナルステージ

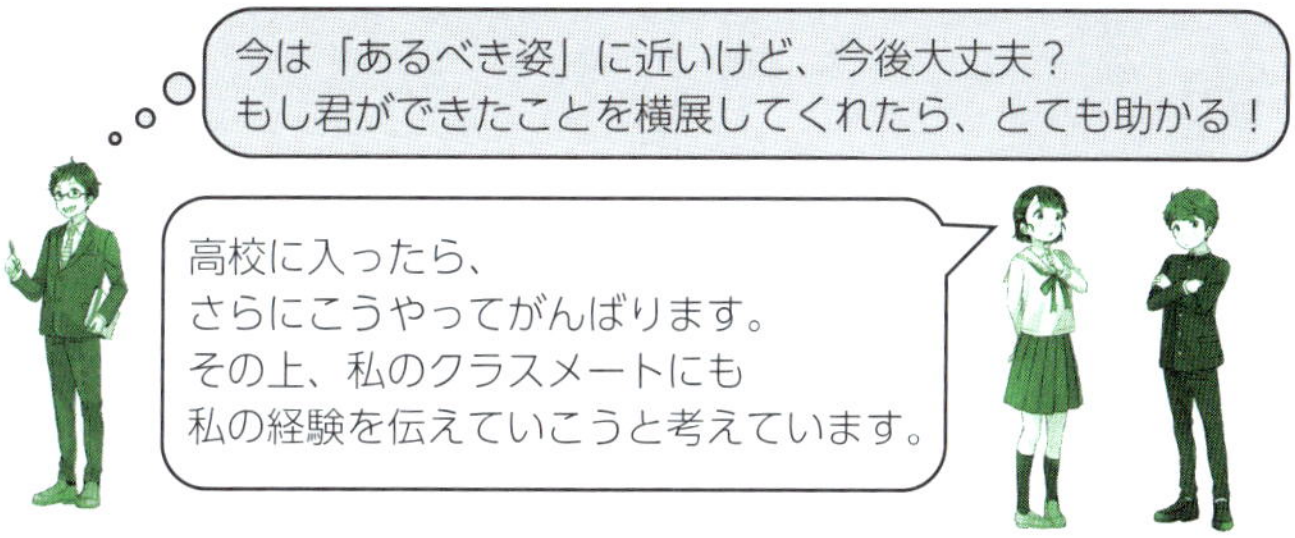
今は「あるべき姿」に近いけど、今後大丈夫？
もし君ができたことを横展してくれたら、とても助かる！
高校に入ったら、
さらにこうやってがんばります。
その上、私のクラスメートにも
私の経験を伝えていこうと考えています。

25 採点者の考えを見抜く

満点を取る満点メソッドは、相手の思考（夢実現フロー）を読んであるべき姿を推測して書く方法。常に採点者の頭で考え、採点者の願いをかなえる文を考える。同時に、満点メソッドは国が求める「問題解決能力」を完璧に実行している方法でもあるんだ！

だから、この方法で書くだけで、国の要望は満たされている。気をつけたいのは、採点者の頭の中を読み間違えないようにすること。もう少し、採点者の頭の中をみてみようか。

まず採点者と君たち中学生の違いをあぶりだそうか。君たちと採点者どこが違う？

まず年齢が違う。そして、厳しい。

大勢の生徒を一人で管理するから、どうしても厳しくせざるを得ないとかかな。

いい線いってる。蒼汰君の言うように、通常採点にかかわる先生は、君たちの3倍くらいの人生経験がある。それは逆に言えば、考え方が違う可能性が高いということだ。入試小論文・作文では、若い君たちと、人生経験豊富な採点者との、2つの異なる価値観がぶつかるような設問も多く出題されている。

例えば、

・紙の辞書と電子辞書のどちらがいいか？　新聞とネットのどちらが信用できるか？

・言葉の古い用法を守ることと、新しい意味が加わることのどちらがいいと思うか？

こういった場合、**採点者の頭の中は、やや古いということを想定して書いたほうが無難《ぶなん》。**

また、ゆきちゃんの言う通り、学校の先生は一人で30～40人の生徒指導をしなくちゃいけない。だから、**自由より規律・ルールを重んじる傾向が強い**。

例えば、

・携帯を学校に自由に持っていっていいだろうか？

・バイトを自由にやっていいだろうか？

こんな場合なら、自由より、規律・ルールを重んじる考えを選んだ方が無難。

オキテ

採点者の常識・考え方を理解しておこう！

26 困ったテーマの対処法

採点者の国語の先生ってどんな人だろう？

例えば異常なほどの読書好き。漢文も、古典も、小説も大好きな人間。そんな好きが高《こう》じて、先生にまでなってしまった。そんな人が多そうだね。

そして、実際に先生になってからは、生徒の生活指導に思ったより時間を取られ、好きな授業の準備が十分にできなくて、まいっている。だから、**先生の本音は、ルールは絶対守る生徒が大好き**。言われたことを、言われた通りにする生徒が大好き。問題を起こさない生徒が大好き。授業中、自分の授業を熱心に聞いてくれる生徒が大好き。

そんな先生が賛否両論あるテーマの場合、たいていはどっちが好きかわかる。でも、わからない場合もなくはない。

そんなとき、使えるのが**T字思考**。実はこのT字思考をふまえたT型人間が現在の世界のスーパーエリートの典型的なタイプでもある。そのエリートにもつながるT字思考を学んでいこう。

なんか面白そう。でも、T字思考って何？　初めて聞いた。

Tは2つの線でできている。一つは横線。もう一つは縦線。**横線は両手を広げるように、いろいろなものとつながっていくことを表している。**でも、ひろがるだけではダメ。SNSの友達はいっぱいいるけど、親友ではないのと同じ。**深く深く、土台となる部分を掘り下げることも大切。**これが縦線。

この横と縦をいつも意識して物事を考えるのがT字思考。

賛否両論ある意見が対立する場合は、採点者側が正しいと思う意見を、君が選ぶのは当然。でも、どうしても、どっちを選ぶべきかわからない場合もある。

例えば、

・一冊の本を何度も繰り返し読むのと、いろんな本をたくさん読むのと、どちらが成長につながると思いますか？

・気のあった友達と一緒にすごすのと、知らない人と話すのはどちらが、あなたは大切と思いますか？

こういった、採点者がどちらの考えをもっているか判断しづらい場合には、T字思考で逃げる。採点者がどちらの思考であったとしても敵にしない。

使い方の原則は、若いときは横線重視。広げて広げて自分の可能性を広げていく。ある程度大人になったら、広げはするものの、深く深く掘り下げること（縦線）を重視する。

読書の例なら、「高校生の時は、いろいろな人の考えを学びたいので、多くの本を読んでいきたいと思う。その中で大人になったら、自分がもっと学びたいと思った人の本は、何度も何度も読み返したいと思う。その著者の知恵を学びたいと思う。」こんな感じ。どちらかを否定するのではなく、2本の線（この場合なら、若いとき、大人になったとき）で逃げる。

ちなみに世界のエリートはなぜT字思考か。自分の深い専門分野をもつのは当然。ただ、それだけでは生きていけない。深く掘り下げたものが時代の流れとともに使えなくなるかもしれない。しかし、横に手をひろげていろんな専門分野の人と交流をもてる人は、いろんな刺激をうけ、それが自分の専門分野をさらに深めることにつながっていく。

T字思考をもったT型人間がこれからの世界を変えていくのかもしれないね。いろいろな相乗効果の結果、すばらしい成果につながるんだ。

オキテ

困った時はT字思考で逃げ切ろう！

27 採点者をとりこにする

この章の最後に人に好かれる法則を、君たちに伝えるね。小論文も作文も、ついでに言えば面接も、すべて、相手（採点者や面接官）に好かれることが最終目標だよね。この法則は、アメリカの大学でも、効果が保証されているんだ。ぜひ、実践してね。

好きな子に実践してもいいの。

う、うん。まかせるよ。さて、その法則は「LOVEの法則」という。この方法を使って相手と接すると、相手は君のことを愛さずにいられなくなる。

◆LOVEの法則

Lは Listen《リッスン》（聴く）　相手の話を耳と心で聴く
Oは Observe《オブサーブ》（観察）　相手のことを関心をもって観察・調査する
Vは Value《バリュー》（評価）　相手の価値観を認め評価する
Eは Emotion《エモーション》（感情）　相手の感情に寄り添う

この「LOVEの法則」を意識すれば、相手の心につきささる文が書けるようになる。そんな君を相手（採点者）は大好きになる。そして「あなたにこそわが校へきてほしい」って思ってくれる。採点者は思わず君に満点をつけてしまう……はず!? また、一つのテーマに対しても、この「LOVEの法則」を利用することができる。例えば、スマホについて、採点者の考える「あるべき姿」をあぶりだすために、「LOVEの法則」を使ってみるとこうなる。


【Listen】

（先生の心の声を聴く）

みんなスマホに時間を費やしすぎ。もっと本を読んで、知識を深めようよ。


【Observe】

（先生の日常を観察）

授業や部活で大変そう。


【Value】

（先生の価値観を尊重）

本を読むと「多様性の理解」や「仲間とうまくやっていく資質」が身につくと考えている。


【Emotion】

（先生の感情に寄り添う）

みんなが本好きになってくれたらうれしいな。

先生も本大好きなんだ。

オキテ

「LOVEの法則」で、採点者の考える「あるべき姿」が見つかる！

第5章

高評価を得るための伝え方

28 「伝える」のではなく「伝わる」ようにする

さあ、満点メソッドの3分の2は完成だ。

相手の頭で考えて、相手のメリットになることを書く。相手のメリットとは、君が国や採点者の夢・目的にメリットになることを示すことだったね。ここまではOKかな？

次に最後の3分の1の説明に移るよ。

先生、その前に、自分が理解しているか確認したいから、ちょっと待って。「相手の頭で考える」とは、国と採点者の立場で考えるってことよね。「相手のメリットになること」は相手の夢や目的から逆算して、自分が相手にとっての「あるべき姿」だとアピールすることね。そして国にとってのメリットとは次の2つのことね。

①問題解決の能力
（知識、技能をベースに思考力・判断力・表現力を使って問題を解決する力）
②問題解決の態度
（主体性、多様性、協働力）

その通り。国が求めているのは、問題解決の能力&態度。

そして、採点者にとってのメリットは、採点者の願いをかなえられる生徒。採点者にとって大切なことは「私のように考えて、私の願いをかなえられる生徒」みたいな。

その通りだ。採点者が考える「**2つの夢・目的**」とは
①一つは、授業について来られる生徒に来てほしい。
②もう一つは、問題を起こさない生徒に来てほしい。
じゃ、蒼汰《そうた》君。君が採点者に「自分が採点者の願いをかなえられる生徒だ」と証明するための、3つのステージを言ってみて。

ファーストステージは、「採点者の悩み（現状とあるべき姿のギャップ）をみつけること」。セカンドステージは「採点者の悩みを解決していることを示すこと」。そのために問題解決フローの流れで書くんでしょう。そして、ファイナルステージは「採点者のクラスを助けてあげること」。解決策の定着、横展《よこてん》を示せばいいんだよね。

2人とも、大変よくできました！　いよいよ、最後の項目「相手の頭と心に伝わるように書く」ってことを学んでいこう。ここは、超重要だよ。ここをしくじると今までの努力が水の泡になる。相手に伝わるためには、相手が理解しやすいように、文章を書くことが大切だ。そのためには、論理的な構成で書く必要がある。難しそうかな？　でも、たいし

たことないよ。これから僕が教える型にそって書けば、自動的に論理的な文章になる。でも、論理的に正しければ伝わるかというと、それだけじゃ足りない。頭でわかっても、心(感情)が納得しないことも人間だからあるよね。

ここからは2つのことを学んでいく。

一つは**相手の頭に伝わる方法**(論理的な文章、型で書いて伝わる文を書く方法)。

そしてもう一つは**相手の心に伝わる方法**(相手の感情に訴《うった》え、自分の文に納得・共感してもらう方法)。

人間には、大きくわけて2つのタイプの人がいるんだ。一つは頭重視、つまり、論理重視のお堅《かた》いタイプ。もう一つは、心重視、つまり感情重視の感動屋タイプ。

採点者も、この2タイプがいる。だから君がやるべきことは、どちらのタイプも攻略できるようにすること。今から、頭と心の両方に伝わる秘技を説明するよ。これで、ついに「満点メソッド」は完成し、全ての問題に満点をとれるようになるはずだ。君たちは、天才への道を上っている。もうすぐ天才だ。

オキテ

相手の頭と心に伝わる文章をマスターすれば満点メソッドは完成

29 論理的に書いて頭に伝わる

相手の頭にググッと伝わるためには、論理力が必要。

ゲゲッ。論理って聞くだけで悪寒《おかん》が……難しそう……。

大丈夫、たいしたことないよ。**論理とは相手に「おっ、なるほどね！」と思ってもらうための技術**にすぎない。相手には見えない君の気持ちを、はっきりと相手にも見えるようにしてあげられる便利なものだよ。それが論理の力。

そもそも満点メソッドは、相手の頭の中にあわせて文章をつくるので、もともと相手に伝わりやすいものになっている。あと、少し技術的な技を理解できたら、すごいことになる。

じゃ、やだけどちょっと我慢《がまん》するよ。

ありがとう、我慢してくれて。まず、この論理を理解するために、論理ってやつを構成している「3つの基本技術」を覚えてもらうよ。

3つの基本技術とは、**①因果関係　②言い換え　③対比**　の3つ！

①因果関係

バージョンⅠ：原因と結果　（AだからB、BなぜならA）

原因　1日5時間勉強した

だから ／ なぜなら

結果　志望校に合格した。

物事には、必ず原因と結果がある。

「1日5時間、勉強した」という原因が、「志望校に合格」という結果につながる。このように、2つの文に因果関係があれば、相手の頭の中に「なるほど」と、スッと伝わる。

因果関係の「因」とは原因の因。「果」とは、結果の果。

バージョンⅡ：理由と結論

因果関係には原因と結果だけでなく理由と結論の関係もあるよ。こっちもしっかり理解してね。

理由：将来、いい大学に進学し、いい生活ができる。

だから ←　→ なぜなら

結論：勉強は大切だ。

② 言い換え

抽象《ちゅうしょう》から具体《ぐたい》へ。または具体から抽象へ！（AつまりB、BたとえばA）

抽象：くだもの

例えば ←　→ つまり

具体：イチゴ、メロン、リンゴ

抽象：すごい頑張った。

例えば ←　→ つまり

具体：毎日5時に起きて勉強した。

抽象は絵に描けない。具体は絵に描ける。そんなふうに区別してね。単語単位ではなく、文章単位でも、抽象・具体の関係はよく使えるよ。言いたいことを、抽象、具体の２つを使って説明するとより相手に伝わる。

③ 対比

比べればはっきりする。それが対比（AよりB、AだがB、A一方B、Aの中で一番）。

例えば、蒼汰君がお母さんに「テスト50点とった。やったぜ」といってもお母さんは「おっ、なるほど」と思わないかもしれない。なぜなら、蒼汰君とお母さんの基準が違うから。

こんなとき、言いたいことを何かと比べれば、自分の気持ちが相手に伝わりやすくなる。

例えば、「今までで一番よかった」と言われたら、お母さんも、「頑張ったのね」と思うよ。

テストで50点

⇕ 対比

過去と対比
人と対比

今までで一番
平均点は30点

オキテ

因果関係・言い換え・対比　の３つを使うと相手にしっかり伝わる論理的な文になる！

30 具体と抽象で伝わる

3つの基本技術、**①因果関係** **②言い換え** **③対比** はOKかな。

うん。なんとなくわかった。

俺は、いまひとつだな。

バラバラに出てくると、普通の文章でどうやって使っていいか、わかりづらいよね。

ちょっと具体例でみていこうか。

「中学時代に一番思い出に残っていることは何ですか?」という問いに対して、この3つの基本技術を使って答えてみようか。こんな感じだ。

①中学時代に私が一番思い出に残っているのは、サッカー部の思い出です。(結論)

②なぜなら、これまでの自分の人生の中で一番、頑張れたからです。（①の理由：**因果関係**）
③毎日、朝5時におきてチームメートと朝練を頑張りました。（②の言い換え：**具体**）
④雨の日も、雪の日も毎日、ランニングを5キロしました。（②の言い換え：**具体**）
⑤最後の地区大会では、万年最下位だったチームが3位入賞しました。（**過去と対比**）

これだと、因果関係、言い換え、対比が論理的な文に大事なのが少しはわかる。こんな問題で多くの人がやってしまいがちなのが、③〜⑤を省《はぶ》いてしまうこと。

「中学時代に私が一番思い出に残っているのは、サッカー部の思い出です。なぜなら、これまでの自分の人生の中で一番、頑張れたからです。」

これだけじゃ、理由が抽象的過ぎて、相手に伝わらない。だから、具体化する。実は国語の入試ででる説明文や論説文の構造も、小論文・作文の構造も、この抽象と具体で構成されている。抽象的な結論、具体的な説明。この2つを意識するだけで、長い文もすっきり読めるようになる。

オキテ

抽象だけでは伝わりづらいので、具体化する！

31

演繹法と帰納法で納得する

さあ、次にいこうか。論理とは、結論となる考えを、相手に「うん、なるほど。わかる」と思ってもらうためにあるもの。その、結論を導くために、2つの方法があるんだ。それが、演繹法《えんえきほう》と帰納法《きのうほう》。

聞いたことあるけど、なんかよくわかんなかったやつだ。

演繹法とはたしか、これよね。

大前提（全体）　人は死ぬ。
中前提（部分）　ソクラテスは人だ。
結論　ソクラテスは必ず死ぬ。

その通り。みんなが納得する大前提からはじめて、個別の結論にもっていく方法。三段になるので、三段論法ともいわれてるよ。
三段論法は一段目で人全体にあてはまることを言ってから、二段目で、ソクラテスは人（全体）の一部だと言っている。そして三段目で、全体にあてはまることは、一部にもあてはまることを結論づけている。

●演繹法

全体：人は寝る
部分：蒼汰君は人
↓
結論：蒼汰君は寝る

●帰納法

結論：人は寝る
蒼汰君は寝る　ゆきちゃんは寝る

帰納法は逆みたいなかんじ？

うん。**演繹法は、皆が納得する大前提（絶対的な事実、真理、法則）からスタートして、具体的、個別の事例の結論を推測する方法。帰納法とは、いくつかの個別の事例からスタートして、全体の結論を推測する方法。**例えば、蒼汰君が寝ている。ゆきちゃんも寝ている。この具体的、個別の事例から考えて、「人は寝る」って結論が導かれる。これが帰納法。

当たり前のこと言ってるだけにしかみえない。これがなんか、小論文・作文で役に立つの？

うん。これが小論文・作文では意外に大事なんだ。

演繹の三段論法は大前提（全体）と中前提（部分）と結論だったね。その三段論法は、君たちが論理的な文章を書くときに便利なだけでなく、実は採点者が採点するときも使っているんだ。採点者にとっての大前提とは、自分の夢・目的のこと。つまり「授業についてこられる生徒に来てほしい、人間性に問題のない生徒に来てほしい」ってこと。

中前提とは部分。つまり入試で問われるさまざまなテーマがそれにあたる。例えば「読書をする生徒は授業についてこられる」とか、「ボランティアをやっている生徒は人間性が優《すぐ》れている」とか。

この大前提と、中前提から導かれる採点者の頭の中の結論は、「読書が好きな生徒に来てほしい」とか「ボランティアをやっている生徒に来てほしい」となる。

●採点者の頭の中の三段論法

全体：学力がある生徒に来てほしい
　　　人間性のいい生徒に来てほしい

部分：読書は学力と人間性に役立つ

↓

結論：読書が好きな生徒に来てほしい

オキテ

結論を導く2つの方法、演繹法と帰納法の使い方を身につける！

32 伝わる書き方「満点メソッド」とは？

満点メソッドの夢実現フローって、演繹法みたいな感じね。演繹法で導き出された結論が、採点者にとってのあるべき姿。それに対して、自分の経験を帰納法のように活用して、採点者の結論と一致させるのが、満点メソッドの問題解決フローなの？

その通り。**満点メソッドの夢実現フローの流れは、演繹法に近い**ともいえるね。そして、**満点メソッドの問題解決フローは、帰納法に近い**ともいえるね。

帰納法をもう少し詳しくみてみようか。例えば、読書が好きってことを証明したいなら、君の具体的な経験や事実をたくさん述べていく必要があるんだ。帰納法っていうのはたくさんの事実から、結論を導く推論の方法だから当然だよね。

例えばこんなふうに事実を積み重ねていく。

毎月1冊本を読んでいる。

父も本が好きで、一緒に同じ本を読んで意見を言い合うこともある。
友人関係や、進路のことで悩んでいるときは、いつも本にはげまされる。

⇦

結論：本が好き

こうやって事実を帰納法で積み重ねていくと結果として「本が好き」っていう結論を導くことができるね。こうすれば、採点者にわかってもらえるね。

この関係って、さっき学んだ言い換えと同じことじゃない。抽象的（本が好き）を具体的な事例で説明してるみたい。

そうだね。はじめに説明した、論理の3つの基本要素、因果関係、言い換え、対比は、全ての論理の基礎でもある。

なんか混乱してきた。

話を最初に戻そうか。論理とは、相手に「おっ、なるほど」と思ってもらうもの。演繹法も、帰納法も、因果関係、言い換えも、そのためにある。「おっ、なるほど」と思ってくれるなら省《はぶ》いても大丈夫だよ。

いらないが一番！

でもさ、普通に生きていると、相手の考えと、自分の考えは、大きく異なるよね。そんなとき、お互いを知り合うために、下の図のようないろんな根拠が大事になってくるんだ。さて、演繹法、帰納法は満点メソッドに含まれているので、基本的なことがわかったら、いったん忘れてもらっても大丈夫だよ。

根拠
（＝結論を相手に納得してもらうために必要な前提）

因果関係　演繹法
言い換え　帰納法
対比

↓

結論・主張

オキテ

「満点メソッド」には相手を納得させる演繹法と帰納法が含まれている

33 間違った論理の使い方に注意

相手が「君の主張・結論」を納得できないパターンは、大きく3つある。

① 君の結論と、相手の結論が異なる場合
② 根拠が間違っている場合
③ 根拠と結論との間に飛躍《ひやく》がある場合

① 相手の結論と、自分の結論が異なる場合

相手の話が理解できないのは、実はこのパターンが一番多い。根拠が正しくても、君の結論と相手の結論が異なると、相手は理解できない。入試小論文・作文では、絶対やってはいけないパターンだ。

俺は「読書は嫌いだ」とか書いちゃダメってことね。

その通り。採点者が400字前後の作文に目を通す時間は30秒から1分程度。このとき、採

点者にとって、**自分の意見と異なる意見は異物として、頭の中に入ってこない。**理論構成がよくても、高く評価される可能性は低い。

だいたい採点者は、自分の方が生徒より賢く経験もあると思っている。そんな相手に、理論で打ち負かそうとすればするほど反感を食らって終わり！

② 根拠が間違っている場合

結論の前提となる根拠が間違っていても相手には当然伝わらないよ。例えば……

根拠	中学生はみんな、勉強が嫌い。蒼汰君は中学生。
結論	だから、蒼汰君も勉強が嫌い。

ん？　これ間違ってる？　合ってるんじゃや？

私は勉強が好きよ。一部の人にあてはまることを、全体にあてはまるように言ってる根拠がおかしい！

そう。これはおかしい三段論法になっているね。

③ 根拠と結論との間に飛躍がある場合

例えば、

根拠　部活で頑張った。
結論　だから忍耐力がついた。

採点者は「？」と思う。いまひとつ納得できない。なぜなら、そこに根拠から、結論への飛躍があったから。こうしてみよう。

根拠（抽象）部活で頑張った。
根拠（具体）1日3時間、練習した。毎日3キロのランニングも欠かさなかった。
結論　だから忍耐力がついた。

そっか、これなら忍耐力がついたのがわかる。根拠→結論の流れに説得力が増してる。

根拠が抽象的なものだけだと、相手にしっかりと伝わらない。**具体的な例や事実を追加するとよく伝わる**んだ。次は、逆に具体的な事実だけ。これは、伝わるかな。

結論　委員長には彼女がなるべき。
根拠（具体）　いじめをしている人を注意していた。トイレ掃除など、みんなが嫌がる仕事も進んでやっていた。

伝わらなくもないけど、結論と根拠の関係が弱いように思える。

そう。**相手に君の気持ちを伝えるには、根拠となる「抽象的な君の気持ち」と「具体的な事実・データ」の2つが必要。**

この2つがそろうと、相手も、「うん。よくわかるよ」ってことになるんだ。じゃ、ちょっと追加してみよう。

結論　委員長には彼女がなるべきだ。
根拠（抽象）　クラスで一番、信用できるからだ。
根拠（具体）　いじめをしている人を注意していた。トイレ掃除など、みんなが嫌がる仕事も進んでやっていた。

抽象化するってことは、具体的な多くの事実の中から共通する部分を抽出《ちゅうしゅつ》する（引き出す）作業でもある。共通する部分は、イメージのような実体のないもの。「いじめをしている人を注意していた」「みんなが嫌がる仕事も進んでやってた」この2つから、一番信用できるというイメージが抜き出せるんだ。

オキテ

採点者が納得できない3パターンに気をつけよう！

34 さらに伝わる三角ロジックとは？

小論文・作文を書くときは、結論、そして結論を支える抽象的な理由、さらにもう一つ結論を支える具体的な事実・データが必要なんだ。この3つがそろってるか確認するのに三角ロジックと呼ばれるツールがある。下図のような感じだ！

※入試小論文・作文に使いやすいように、本来の三角ロジックを少し進化させてあるよ。

人に何かを伝えようとするときに、この三角ロジックを意識するといい。この三角ロジックが完成しているなら、自然と相手に伝わりやすい文章になっているはず！

「結論」＋「理由」＋「データ・事実」の3つが最低そろわないと相手には伝わりづらいんだ。

ところで蒼汰君は、お母さんにサッカー部を引退しろって言われているんだよね。

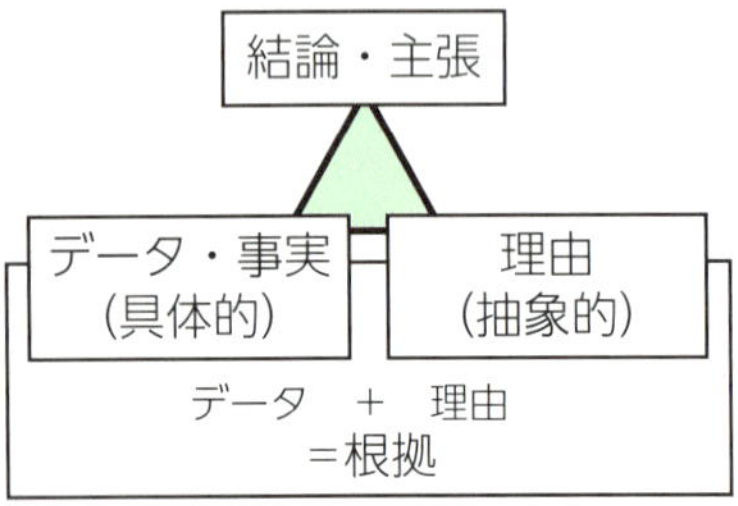

そうなんだ。

私も蒼汰のお母さんから、蒼汰が部活の練習ばっかで、勉強しないから困ってるって相談されたことある。

じゃ、ゆきちゃん。この三角ロジックを使って蒼汰君のお母さんの主張をまとめてみて。主張＝結論と考えていいよ。主張とは一番言いたいことね。

わかった。下の図のような感じよね。

よし、僕もちょっと矢印を追加してみよう。この三角ロジックは論理の基本要素、「言い換え」「因果関係」がこんな感じに組み込まれていることにも気づくかな。

蒼汰君、これを文にしてみて。結論→理由

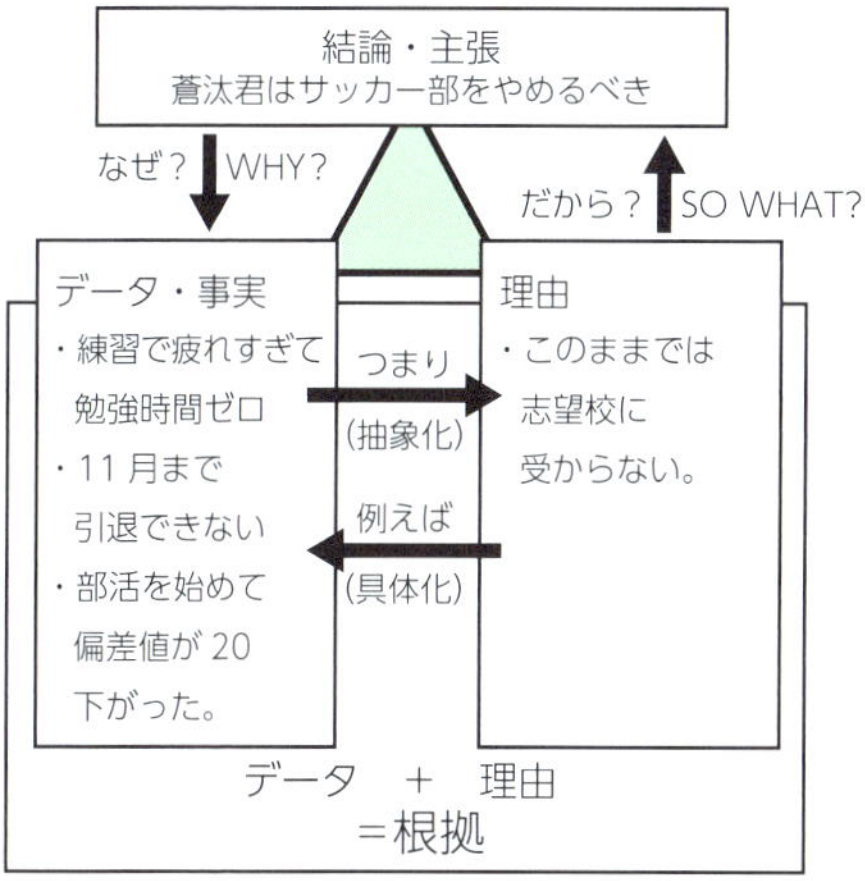
結論・主張
蒼汰君はサッカー部をやめるべき
なぜ？ WHY？
だから？ SO WHAT?
データ・事実
・練習で疲れすぎて勉強時間ゼロ
・11月まで引退できない
・部活を始めて偏差値が20下がった。
つまり
（抽象化）
例えば
（具体化）
理由
・このままでは志望校に受からない。
データ ＋ 理由
＝根拠

↓事実の順番ね。

蒼汰はサッカー部をやめるべきだ。なぜなら、このままでは、志望校に受からない。実際、練習で疲れすぎて勉強時間はゼロ。11月まで引退できないのも問題だ。また、部活を始めて偏差値が20下がっている。なんか嫌な気持ちになってきた。ほんとに、やめた方がいい気になってきた。やめないけど。

でしょ。三角ロジックは説得力があるんだ。
次は推薦入試作文でありがちな失敗例。根拠と結論が飛躍してることがわかるかな。

根拠　医師になることを考えている。
結論　だから貴校を志望している。

何かがものすごく足りない。三角ロジックになってないんじゃないの？

主張には、データ・事実と理由の2つが必要。わかった、データ・事実が足りない。

よくわかったね。データ・事実をちょっと追加しよう。

根拠（理由）　医師になることを考えている。
根拠（事実）　貴校には、他校にない難関対策のコースがある。
結論　だから貴校を志望している。

なんか論理がわかってきた！

三角ロジックを意識すると、相手に伝わらないリスクを軽減できるんだ。使いこなせるように練習しようね。

オキテ

自分の意見を相手に伝えるには、データ・事実と理由の2つが必要！

35 「型」の使い方

小論文・作文にはいろいろ型があるのは知ってる?

起承転結《きしょうてんけつ》とか。序論《じょろん》、本論《ほんろん》、結論《けつろん》とかのことね。

また難しそうな話? 難しいのは、嫌だよ。

大丈夫。さっきやった三角ロジックをちょっと変形させれば、もう、そのまま小論文・作文の型になる。三角ロジックで必要な部品は、結論、理由、具体的なデータ・事実だったよね。実は、この3つをならべたのが型の正体。

型とは、結局のところ、相手の理解を助けるためにあるもの。相手の理解を助けるのは、三角ロジックも同じ。当然、型も三角ロジックも似てくるよね。

さて、中学校で習ってきたのは「はじめ、なか、おわり」とか「序論、本論、結論」だと思うけど、この2つは同じもの。言い方が違うだけ。

どちらも三段落で書く。

三段落の文（はじめ、なか、おわり／序論、本論、結論）

第一段落　結論＋抽象的な理由

第二段落　具体的なデータ・事実

第三段落　結論

二段落の文

第一段落　結論＋抽象的な理由

第二段落　具体的なデータ・事実

採点者が採点しているときも、「最初に結論や主題（君がもっとも言いたいこと）がきたから、次の段落は理由がくるな」って、予測しながら読んでいる。型の通りに話が進んでいくと、採点者にさっと伝わるんだ。

オキテ

型で採点者の理解を助けよう！

36 さらに進んだ世界標準の「型」

型のイメージがつかめてきたかな？　小論文・作文とは、見えない相手と会話するような感じで書いていくとうまくいく。自分勝手に伝えようしても、なかなか相手には、何が言いたいのか伝わらない。型にそって書くと、自然と見えない相手の質問に、答えてしまっているから便利なんだよ。

さて、ここでさらに進んで、世界標準の文章の型をマスターしちゃおう。世界標準とは、この方法をマスターしたら、アメリカ人にでも、中国人にでも、君の意見が伝わるということ。

世界標準ってかっこいいね。将来、世界で活躍する俺にはぴったり！

その型は**PREP《プレップ》法**。世界標準だから、もちろん英語だ。**これを覚えて、この順に書くだけで、自然と相手に論理的に伝わる文章が書ける。**ＰＲＥＰ法とは次の言葉の頭文字を集めた言い方だよ。

世界標準の文章の型　PREP法

① Point《ポイント》（意見）

まず、「〜に関しての私の意見は〜です」とはじめに一番言いたいことを述べる。

こうすることで、読み手にこのあとの説明の道筋を示せる。

② Reason《リーズン》（意見の理由）

最初に述べた意見について、「なぜならば〜だからです」とその判断の理由を示す。

③ Example《イグザンプル》（具体例）

「例えば〜という事実（または経験）があります」と理由の根拠となる具体例を示す。

読み手にとっては結論、理由、裏付けとなる具体例と話がかみくだかれていくので非常にわかりやすい展開になるんだ。

④ Point《ポイント》（意見の繰り返し・まとめ）

「よって、〜の意見となりました」と最後にもう一度、自分の意見を読み手に印象づける。

オキテ

世界標準の型「PREP法」の順番で自然に伝わる文になる！

37 難しい「問題提起」の使い方

問題提起とは、いきなり相手に質問を投げかける方法。
相手に投げかける質問は大きく2つある。
① 結論を問題提起で問う
② 解決すべき課題を問題提起で問う。

例えば「読書についてあなたの意見を書きなさい」で練習してみようか。
まず、**結論を問題提起で問うパターン**
問題提起の例：読書は中学生に必要なのだろうか？
　私は読書は中学生にこそ必要だと思う。なぜなら〜
次に**解決すべき課題を問題提起で問うパターン**
問題提起の例：中学生は読書をしない。しかし、読書をしなければ人に何かを伝えたり、仕事で必要なことを学ぶ上で苦労することが目に見えている。どうすれば中学生は読書をするようになるのであろうか？

ふつうに書くのと、わざわざ疑問文にした問題提起とでは、どういった違いがあるかわかるかい？

え〜。わかんない。

実はメリットが2つある。一つは**文字数を稼《かせ》げる**。もう一つは、**読み手の注意を引きつけることができる**。

人は疑問文、つまり質問の形で問われると、注意力が高まり、引きつけられる傾向がある。なぜなら、脳は無意識のうちに、答えをみつけようとする習性があるから。問題提起で始める文をマスターすれば、強力な武器になる。

でも、時数制限が200字前後のものでは、問題提起なんか使ったらダメ。残りの内容を書く字数が不足してしまう。**問題提起の技を使うとしたら、400字以上の文に限る！**

オキテ

問題提起は400字以上の場合に使う！

38 賛否両論のテーマの場合の「型」

入試では、賛否両論ある意見について「君はどう思う？」とか「どっちが正しいと思う？」と出題されることが多い。国がこれから育てたい能力の一つに「多様性」が入ってることを考えると、今後、ますます賛否両論ある問題が増えるのは間違いないだろう！　だって今の時代は、グローバル。

要するに、他国の人と仲良くやっていける力（多様な価値観を受け入れる力）が重視されている。その資質があるかどうかを判断するために、まず君がまわりのクラスメートとうまくやっていけるのかどうかで試される。その試す方法が、「賛否両論ある意見」に対して君がどう答えるかを問うことなんだ。

賛否両論ある設問とは、例えば「高校生にスマホは必要か？」といったテーマだ。このテーマに対して、三角ロジックを意識しつつ、ＰＲＥＰ法で書いてみて。まず、結論は？

「必要に決まってる」。ないと困る！

ちょっと待って。最初にやったことを思い出してね。小論文・作文とは、自分の頭で考えて、自分が書きたいことを書くものじゃない。**小論文・作文とは、相手の頭で考えて、相手が書いてほしいことを書くもの。**とすると、「スマホは必要か？」いう意見には、「原則、高校生にはあまり必要ではない」という意見が好ましい。この意見で蒼汰君、ちょっと書いてみて。今回は基本の確認だから、満点メソッドではなく、単純なPREP法で書いてみて。

マジか。まあ、受かるためにはしかたないか。わかったよ。やってみるよ。

第一段落　**結論**：スマホは高校生には必要ない。
理由：なぜなら高校生の本分は勉強だからだ。

第二段落　**具体例・体験**：スマホがあると勉強が手につかない。事実、高校生は毎日4時間も使っているという。私も以前スマホづけだったが、将来の目標をかなえるために勉強をしようと決意しスマホを手放し、勉強ができるようになった。

第三段落　**結論の繰り返し**：以上のことより、スマホは必要ない。

型がよく理解できているね。でも、このままだと、この文どこか感じ悪くない？

妙《みょう》に一方的な意見だから感じが悪いんじゃない。

その通り。実は、賛否両論ある意見の場合には原則、**ネオ起承転結《きしょうてんけつ》型**がふさわしいんだ。

起承転結は聞いたことあるけど、その「ネオ起承転結」って何？

ネオは新しいって意味ね。普通の起承転結じゃないよ。新しい起承転結型ってことなんだ。小論文・作文では「起承転結の型は使うな」って書いてある本も多い。起承転結は、昔の中国の漢詩《かんし》の型で現代になじまないというのが理由。起承転結とは、起で文章を起こし、承でそれをうけて説明し、転で文章を一転させ（文意を変えて）、結で全体をまとめるという型のこと。一番難しそうなのは、「転」の部分。文章を一転させたら、むちゃくちゃになってしまう危険性がある。だけど、賛否両論のあるテーマの型にはネオ起承転結型がはまるんだ。**ネオ起承転結型では、「転」の部分で反対意見を考慮《こうりょ》するのがポイント。**

三段落で書けって指定があれば、第一段落を「起」、第二段落を「承」と「転」、第三段落を「結」で書けばいいよ。ちなみに国は、起承転結型の文を指導要領の中で学べと言っているから使って問題なし！　ネオ起承転結型でさっきの文を書き直してみるよ。

起　スマホは必要ない。なぜなら高校生の本分は勉強だからだ。
承　スマホがあると勉強が手につかない。事実、高校生は毎日4時間も使っているという。私も以前スマホづけだったが、将来の目標をかなえるために勉強をしようと決意しスマホを手放した。勉強ができるようになった。
転　スマホが絶対必要と思う人の気持ちも理解できる。実際、以前の私もそうだった。友達と毎日、スマホで会話することは楽しいものだ。でも、スマホで失うものも多いことを忘れてはならない。私自身はスマホで得る喜びよりも、スマホを手放すことで得た、毎日の充実感の方が大きい。
結　以上のことより、高校生にはスマホは必要ないと私は思う。

起承転結の転の部分で、自分の意見と異なる他者の気持ちに配慮《はいりょ》している。通常のＰＲＥＰ法で書いた文章より、マイルドな感じになったよね。それに、採点者に対しても、他者の気持ちに配慮できる生徒だと、アピールできる。

オキテ
賛否両論のあるテーマは「転」の部分で他者の気持ちに配慮する

39 採点者が満点をつけたくなる「型」

さて、ここまでが型の基本。

えっ、基本なの。

うん。こんなの序《じょ》の口《くち》。僕が伝えたいのは、この程度のものじゃない。それに、今まで伝えた、PREP法と、ネオ起承転結型は、ちょっと勉強している秀才レベルのものなんだ。あくまで、僕の役目は君たちを天才に押し上げること！　実は、もう僕は君たちに採点者が思わず満点をつけたくなる「型」を伝えている。23で伝えた「採点者に満点をつけさせる3つのステージ」を覚えているかな？　ステージは全部で3つあったよね。これが実はそれぞれ三段落（はじめ、なか、おわり）に対応している。

第一段落＝ファーストステージ

「採点者の悩み（現状とあるべき姿のギャップ）をみつけること」

第二段落＝セカンドステージ

「採点者の悩みを解決していることを示すこと」

問題のありか（WHERE）→原因の追究（WHY）→解決策（HOW）

これを自分の体験で書く。

第三段落＝ファイナルステージ

「採点者のクラスを助けてあげること」

解決策の定着、そして横展《よこてん》（自分だけでなく仲間の問題解決に手を貸すこと）。

満点メソッドで書くと自動的に論理的な段落構成ができあがる。でも、まだ足りないものが一つある。それは何かわかるかい？

ちょっと前に、先生は「相手の頭と心に伝わるように書く」のが重要って言ってたよね。頭とは論理や型のことでしょ。まだ、少ししか「心」の部分ができてないよ〜な？

その通り。最後に、相手の心に伝わる秘策を教える。この秘策で、満点メソッドは完成！

オキテ

「型」にあてはめるだけでは十分には伝わらない！

夢をかなえる時間の使い方

毎日の忙しさに流され、私たちは一番大切なことをいつも後回しにしているかもしれません。夢をかなえるためには、時間のトリックにだまされないことが大切です。

ここでちょっと時間について整理して考えてみましょう。下に時間管理のマトリックス（図表）を示してみましょう。時間の使い方は第Ⅰ領域から第Ⅳ領域まであるといわれています。

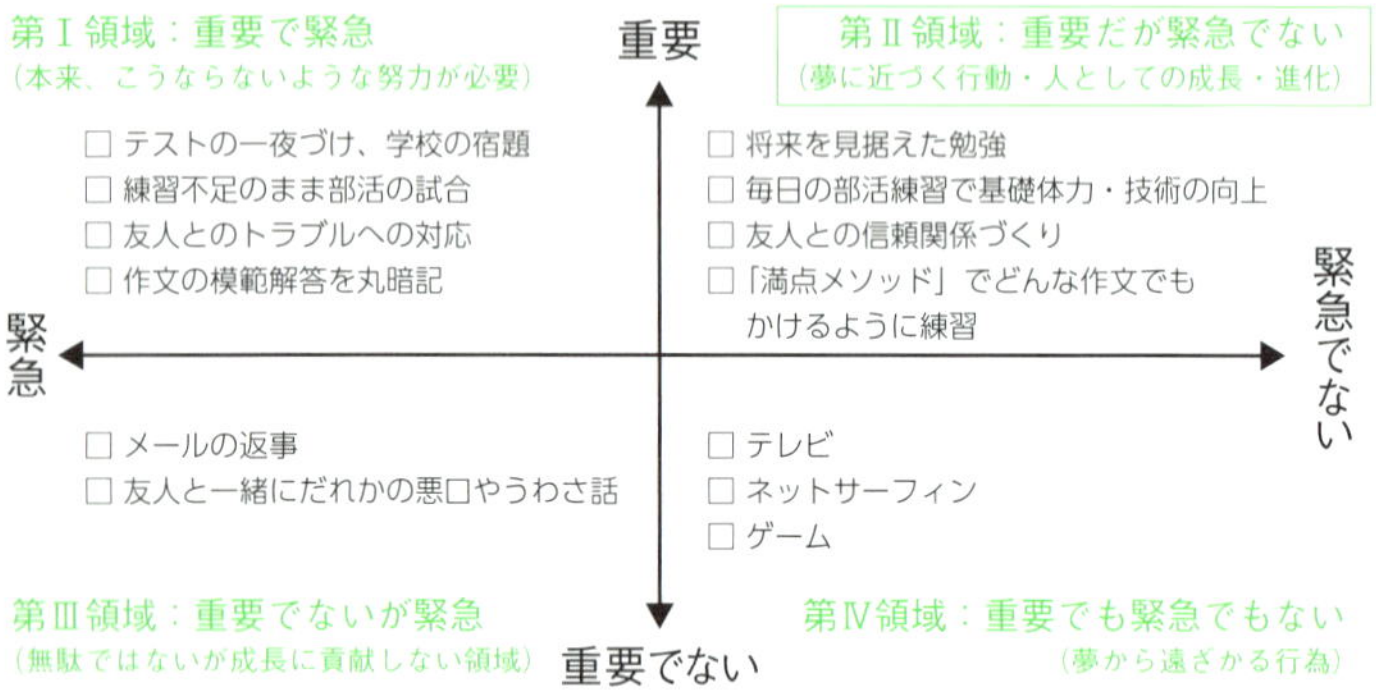

第Ⅰ領域：重要で緊急
（本来、こうならないような努力が必要）
□ テストの一夜づけ、学校の宿題
□ 練習不足のまま部活の試合
□ 友人とのトラブルへの対応
□ 作文の模範解答を丸暗記
重要
第Ⅱ領域：重要だが緊急でない
（夢に近づく行動・人としての成長・進化）
□ 将来を見据えた勉強
□ 毎日の部活練習で基礎体力・技術の向上
□ 友人との信頼関係づくり
□「満点メソッド」でどんな作文でもかけるように練習
緊急
緊急でない
□ メールの返事
□ 友人と一緒にだれかの悪口やうわさ話
□ テレビ
□ ネットサーフィン
□ ゲーム
第Ⅲ領域：重要でないが緊急
（無駄ではないが成長に貢献しない領域）
重要でない
第Ⅳ領域：重要でも緊急でもない
（夢から遠ざかる行為）

真面目な子ほど、第Ⅰ領域（重要で緊急）や第Ⅲ領域（重要でないが緊急）にしばられてしまいます。だらしない子は、第Ⅳ領域（重要でも緊急でもない）の時間が多くなってしまいます。

第Ⅰ領域（重要で緊急）や第Ⅲ領域（重要でないが緊急）で頑張る子は、いつも時間に追い立てられています。そこそこ、勉強もやった気になるので、一番気をつけなければいけないタイプです。また、追い立てられたストレスの反動として、第Ⅳ領域（重要でも緊急でもない／単なる気晴らし）の活動の時間が増えてしまいます。

夢をかなえるためには、第Ⅱ領域（重要だが緊急でない）に集中していかなければなりません。第Ⅱ領域に集中していると、結果として、第Ⅰ領域（重要で緊急）で使う時間も減少していきます。（例：普段から予習／復習をしておけば、テスト前にあせる必要はなくなります。）そして、やりたい趣味などに回す時間も増えていきます。

意識して、第Ⅱ領域の時間をとることが将来、成功することの条件!

第6章

好印象を抱かせる書き方

40

好感を持たせる「NO・BUT法」

伝わる極意。それは「何」を「どうやって」伝えるか。

まず「何」の部分については、相手の頭で考えるのが重要だったね。詳しく言うなら、「何」の部分は、相手と同じ視点にたって、相手にメリットをあたえる内容を含んでいる文。

「どうやって」は、型に従って書くこと。型通りに書くと自然と論理的な文章になり、相手の頭に届く。また、「自分のメリット以外はどうでもいいの法則」「おべっかの法則」を踏まえて書かれた文章は、自然と相手の心にも届きやすい文になっている。ただ、まだ完璧じゃない。

そもそも、入試小論文・作文とは、相手のゴールから逆算して、出されたテーマの「あるべき姿」をみつける。そして、その「あるべき姿」が自分だって採点者にアピールすることなんだけど、ここで一つ問題がある。採点者が考えているあるべき姿は「抽象的な一般論」である場合だ。

例えば「人には優しくすべき」「努力は大切」など。

ゆきちゃん、そういった一般的、抽象的なことがらを証明する方法があったね。帰納法《きのう》と演繹《えんえき》法のどちらだった？

帰納法よね。

そう。帰納法っていうのは、たくさんの事実を並べて、一つの結論にたどりつく推論の方法だったね。例えば、採点者が求める「人にやさしくすべき」なら……

結論（抽象的）　人にやさしくすべき。

根拠（具体的）　勉強を友達に教えてあげたら喜んでもらえた。

疲れている母の肩をもんであげたらうれしそうだった。

道に迷っている外国人に道を教えてあげたら感謝された。

自分が進路のことで悩んでいる時に相談にのってくれた友人の言葉に励まされた。

相手に君が「人にやさしくできる」ってことを証明するためには、本来は、たくさんの事実を列挙《れっきょ》しないと、むずかしいんだ。

でも、入試小論文の字数は、200～600字程度。たくさんの具体的な事実や、具体例を書く字数は残されていない。多くの場合、たった一つの具体例で「優しさがあること」や「忍耐力があること」などを、採点者に証明しなければならない。

たった一つの事例。つまり私の実際の経験でわかってもらわなくちゃダメなのね。むずかしそう。

そうだね、**問題解決フローは、問題のありかを突き止め→原因を特定し→解決策を実行。これが相手の頭に伝わる手法（論理的手法）**。でも頭に伝わっただけじゃ、まだ足りない。これから、もう一つの手法、**心に伝わる手法（感情的手法）**を説明していくよ。その方法はNO・BUT法だ。

人は自分の弱点を素直に語る人に好感を持つことが心理学的にも証明されている。そこで、作文・小論文でもまず弱点を語ることで好感を得る方法が有効なんだ。**最初にNO（ダメな部分や弱点）を告白し、次にBUT（でも、ここはいいんだ）と、良い部分を伝える。**このNO・BUT法を使うとたった一つの事実で、採点者は君を信頼してしまう。

例えば、「私は、中3の時、学校を休んだのは3回でした」。これだけ聞くと、「それがどうしたの」って思うよね。でも、最初にダメな部分、例えば「私は中2まで不登校で学校にいけませんでした」と伝えてからだと、同じ3回しか休んでない事実でも、「頑張ったんだね」と好感を持つ。ギャップがあるから、相手の心に伝わるんだ。

一方、世の中には、YES・BUTという方法もある。特に、相手の意見と自分の意見を比べるときによく使われる方法で、最初にＹＥＳ（確かに～だ）と、相手の意見を尊重するふりをして、結局はＢＵＴ（しかし～だ）と相手をたたきのめす。持ち上げて、すぐに落とすので、感じが悪くなる。例えば「たしかにあなたの作文は私より字がきれいだけど、私の作文は内容が深い」。結局、「俺のは内容がないのか！」って、なんか気分悪いよね。

これをＮＯ‐ＢＵＴ法で書くと

「私の作文は字が汚くてごめんね。でも、内容には自信があるんだ」。

こうすると、感じがいいでしょ？

何も、無理やり、ＹＥＳ‐ＢＵＴで相手と自分と比べたり、いったん相手を上げる必要はない。むしろ、ケンカになる。ＮＯ‐ＢＵＴなら、自分の進化前と進化後を比べているだけだから、読んでいる人から反感をかうリスクはゼロだ。ただ単にキミが誠実に見え、成長している様子が相手に伝わる。人の心をつかむ文章の基本は、ＮＯ‐ＢＵＴで文を書くことにある。忘れないでね。

オキテ

弱点を告白して良い部分を伝える「ＮＯ‐ＢＵＴ法」で採点者に好感を持たせよう！

41

信頼させる「ストーリー法」

人を引きつける文には一つの法則がある。例えば、「志望理由はなんですか？」なら、こんな作文を君は書いてないかい？

「私の夢は看護師になることです。貴校で学んで将来は看護師になりたいと思います。」

書いている人は一生懸命に書いている。でもね、読んでいる採点者には何も響《ひび》かない。君の心の動きの説明が不十分だからだ。じゃあ、こんなのはどうだろう？

「私の夢は看護師になることです。なぜなら、人の役に立つ仕事がしたいと考えているからです。貴校で学んで将来は看護師になりたいと思います。」

今度は、理由を述べているので、ちょっとはマシになった。それでもやはり採点者には、ほとんど何も響かない。結局、いい点はつかない。なぜだろう？　それは作文に、君のストーリー（物語）がないからなんだ。

ストーリーがないから、君が言ってることが、よくわからないし、なんとなく信じられない。**ストーリーがあるとスッと頭に話が入ってくる。**だから、君の話にストーリーを作る方法を教えよう。

その方法は、**過去→現在→未来を一本の糸で結ぶ**こと。その糸が切れていると相手に伝わらなくなる。さっきの例なら、

「私は中1の時、虫垂炎《ちゅうすいえん》で入院したことがあります。」（過去）

「その時、看護師さんのやさしさで救われた経験があります。」（過去）

「それからずっとその時の看護師さんのようになりたいと思ってきました。看護師になることが今の私の夢です。」（過去〜現在）

「私は貴校で学んで将来は看護師になりたいと思います。」（未来）

文章を書くときは、過去→現在→未来の糸がつながっているのかを常に意識することが大切なのね！

そう、過去→現在→未来が一本の糸でつながるとき、君の話は相手に伝わる。またストーリーに困難や葛藤《かっとう》があるとなおいいね。さっきやったNO‐BUT法のいい面（相手の信用を得る）が一緒に出てくるよ。

オキテ

過去から未来へつなげる「ストーリー法」で、採点者の頭に染み込む！

42 引きこむ「タイムスリップ法」

さっきの看護師になりたいって思ったきっかけの部分の話をちょっと膨《ふく》らませてみようか。

「私は中1の時、虫垂炎で入院したことがあります。2月3日に入院しました。その2日後に手術をすることになりました。痛くて、心細くて、おまけに大事な期末テストも受けられないことになり絶望を感じて落ち込んでしまいました。でも、その時、看護師さんの優しい言葉に勇気づけられました。また、その時の看護師さんは、毎日、忙しいのにいつも笑顔の素敵な方でした。退院するころには、私もあんなふうな看護師になりたいとの夢を持つようになりました。」

どうだろう。一応、過去・現在・未来をつなぐ糸は見える。葛藤もあるね。でも、なんかいまひとつインパクトが足りない。そこには、**生々しいシーンがない**から。

まず出来事を一つひとつ、古いことから新しいことの順に書いているのが、非常につまらない。読んでいる人に苦痛を与える作文だ。この作文もちょっとだけ変えれば少しは良くなる。つまらない作文にちょっとしたスパイスを加えると、生き生きした作文になる。

その技は、「**30秒タイムスリップ法**」。

その出来事の**クライマックスの部分に、タイムマシンでタイムスリップして、一番メインのシーン30秒をリアルに語る**。その現場から実況中継するんだ。例えばこんな感じ。

「『すぐに勉強にも追いつく。傷跡《きずあと》も残らないから心配しないで。』虫垂炎で入院している時の看護師さんの言葉で私は救われた。看護師さんは朝から夜まで働いて大変そう。なのに、私の心の中が読めるように優しい言葉をかけてくれた。こんな人になりたい。こんな仕事をしたい。私が看護師になりたいと決めた瞬間だった。」

タイムスリップ法すごい！ 使いこなせれば、採点者の心をくぎ付けね！

過去の出来事のピークにタイムスリップし、そのときの君に影響を与えた言葉や、自分の心の声をそのまま再現する。その声は、必ず採点者の心に届く！ 生々しさを出すようにしよう。

オキテ

クライマックスをリアルに語る「タイムスリップ法」で採点者の心に届く！

43 とりこにする「ラスト法」

物語のクライマックスはドラマなら最終回。映画でも一番盛り上がるのは、最後の最後にやってくる。人は「最後の物語」って思うと、なぜかその物語に引きつけられる。これを小論文・作文に応用したのが「**ラスト法**」。

君の人生の中での最後（ラスト）のシーンを呼び起こそう。例えば、最後の授業、最後の試合。転校する友人との最後の会話。大切な人や、ペットとの最後の思い出。例えば「中学の思い出」や「中学で学んだこと」等のテーマだったら、こんなふうに使えるよ。

「中学最後の試合で後輩のミスで負けた。私の部活引退が決まった瞬間だった。

毎日、遅くまで練習したことが全て無駄になったと思えた。

ただ一つの後輩のありえないミスで。全てが終わった。

『お前のミスで負けただろうが』

この怒りの言葉を私は、もう少しで言ってしまう直前に昨年の先輩の引退試合を思い出した。その時、私は大失敗ではないものの、小さなミスを犯していた。それに全く活躍できていなかった。試合に負けた時、先輩は「楽しかったな」と私に笑顔で言ってくれた。その時は、なんとも思っていなかった。でも、自分が同じ立場になって、先輩の偉大さが初めてわかった。自分はなんて未熟なのだろうか。もう少しで後輩に深い心の傷を残すところだった。高校入学後はこんな未熟な自分を少しでも成長させるために、様々なことに挑戦したい。そして、二度と人のミスをせめることがないような大きな心を持ちたい。」

うん、これは確かに引きつけられる。

ちなみにこの文章には、タイムスリップ法、NO - BUT法も使われているのがわかるよね。NO - BUT法は、絶対条件。それに、タイムスリップ法やラスト法を組み合わせると、また一段と採点者をぐっと引きつけることができる。

オキテ

最後のシーンでとりこにする「ラスト法」で採点者を引きつける！

44 安心させる「親持ち出し法」

学校の先生でもある採点者を一番困らせてるのは、まず君たち生徒。次にやっかいなのが何かとうるさい親たち。最近は、「モンスターペアレント」が話題になったりしているよね。だから、先生方は、生徒と同様、親にも目を光らせている。

ふ〜ん。そんなもんなんだ。でも、俺の志望校、親同伴《どうはん》の面接とかないよ。

親同伴じゃなくても、面接があれば、髪形や服装、あるいは靴《くつ》のちょっとした乱《みだ》れで面接官は家庭環境を把握《はあく》できるんだ。でも、面接がなければ、小論文・作文が唯一の判定材料となる。**親がそんなモンスターペアレントではないことをアピールできるのが、「親持ち出し法」**。意外と効果がある。例えば、こんな場面で使える。

問題「スマホの利用について、あなたの意見を書きなさい。」

「父はいつも非常に温厚です。そんな父がいつになく真剣に私に語った言葉が印象に残っています。

『お父さんは、今でも中学の友達がいるよ。でも勉強をがんばって入った高校では、また素敵な友達ができた。そして、人生で一番勉強がんばって受かった大学では、親友ができた。今の友達も大事だと思うよ。でも、お前が頑張って高校や大学へ行ったら、そこでは、今、出会えない素敵な友達にも会えるんだ。』

父は、私が友達と毎日5時間近く、スマホをいじったり、ゲームをしたりしていることを注意したかったのだろう。今、出会っていない素敵な友達というフレーズが私の心にひっかかった。その日から、スマホは3時間にして、2時間は勉強にあてている。まだ見ぬ友達に恥じぬ自分になるためだ。」

自分がスマホの問題を解決した核心の部分の体験はこんなふうに書くと好印象だ！

また親のかわりに、先輩や友人をもってきてもいい。周りに素敵な人がいることは、間接的に君自身が素敵な人だってことのアピールにもなる。また、家族、友人、先輩から何かを学ぶ姿勢はチームプレーができることの証明にもなるよ。

オキテ

さりげなく親が人格者であることをアピールする「親持ち出し法」で採点者を安心させる！

45 体験を書くときの注意点

自分の体験を書くとき、どんな体験を書くか、悩むよね。ウソは書きづらいし。そんなときのために、いい方法を教えるね。それはライフラインチャートと呼ばれるもの。一度書いてみるといいよ。ウソを小論文・作文で書くのは賛否両論あるけど、**過去を勝手に変えるのは問題なし。何を書いても、今、そう思うならそれは真実でウソじゃない。**意外に自分の人生は小論文・作文の宝庫であることに気付くと思うよ。

過去は変えられない、と人はよく言うよね。でも、あれウソだよ。ひどい思いをしたり、大変な目にあったり、人に誤解《ごかい》されたり、人とケンカしたり。生きていると、いろいろあるよね。毎日、何かをするたびに、普通は失敗の連続だし。

だけど、欠点や失敗は、ひとたび乗り越えると、どうなると思う？

う〜ん、自信につながるかな。

そうだね。欠点はひとたび乗り越えると自信になり、そして宝に変わっていくんだ。「最悪の出来事」は、「最幸（すごい幸せってこと）の出来事」にころっと変わるんだ。

ライフラインチャートの例なら、グレーが過去を変えたところ。わかるかな？　友達が転校したときつらかったよね。でも、友達のいない時間が本との出合いにつながり、本の中で多く人の考えに出合うきっかけになった。こうやって最悪の過去はどんどん「最幸」の過去に変わっていく。また幸せなほうをみてみるとハワイ旅行より、委員長のほうが幸福感は高くなっている。与えられた幸せより、自分で勝ち取ったものの方が幸せになるように人はつくられている

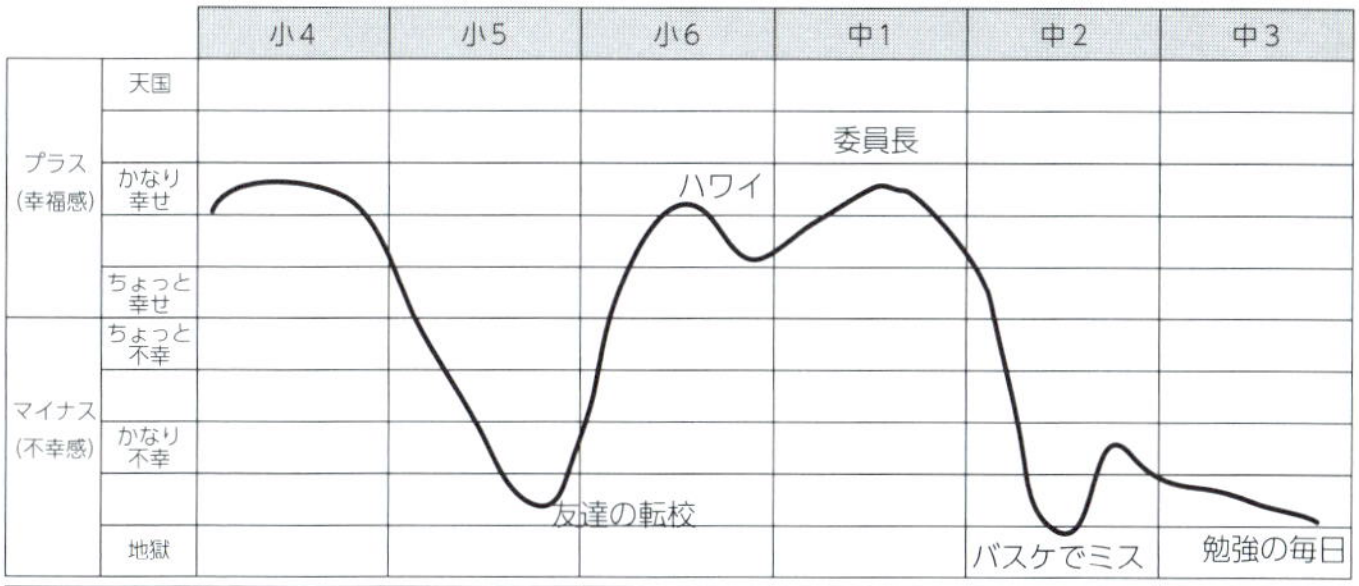
小4
小5
小6
中1
中2
中3
天国
プラス（幸福感）
かなり幸せ
ちょっと幸せ
ちょっと不幸
マイナス（不幸感）
かなり不幸
地獄
委員長
ハワイ
友達の転校
バスケでミス
勉強の毎日

	小4	小5	小6	中1	中2	中3
出来事	覚えていないが、なんとなく幸せだったような。	唯一の親友の転校。クラスでひとりぼっちになった。	家族でハワイ旅行。	勇気を出してクラス委員長に立候補し、無事当選。	バスケの試合で自分のミスで負けた。先輩の引退試合でもあった。	受験勉強で友達と遊ぶ時間も減った。スマホもあまりできない。毎日時間が足りない。
その出来事を通じて身につけたこと		引っ込み思案だった自分。友達がいるとどんなに毎日幸せか、わかった。	楽しかった。	勇気大事。勇気を出して挑戦すれば、いろいろ実現することがわかった。	その1年後、自分の引退試合の時、後輩がミスした。怒鳴りつけようと思った瞬間、同じ状況で先輩が自分に笑顔を向けてくれたことを思い出した。	
刺激を受けた本・人		友達がいないので、伝記を中心に本を読んだ。			試合でミスをしたのに、私を気づかってくれた先輩。	

んだね。それに、委員長になったことより、「勇気を出すことが大切」ってことを理解したことが、今後の人生により生きてくるね。過去はどんどん変わっていく。今、君は受験勉強で大変な思いをしている。でも、それは、1年後、3年後、意味が大きく変わる。どう変えるかは君次第！

オキテ

欠点や失敗は乗り越えると宝になる！

46 最強の「自分ダメ出し成長ストーリー法」

さあ、ここから「伝わる極意」で一番大事なことを説明するよ。しっかり聞いていてね。これは「NO・BUT法」と「ストーリー法」の合作《がっさく》でもある。また、他の技、例えば「ラスト法」なんかをいれるとさらに、よくなる。

「採点者を引きつけるには、すごい体験がないと無理でしょ」

そんなふうに勘違いしている人が多い。自分にはたいして語るもの（体験・経験）がない。それで、結局、体験を書くときにえらい苦労している。水泳で何かの大会で1位をとった。サッカーの地区大会で優勝した。ピアノコンクールで優勝した。全てすばらしいこと。だけどわかるかな。こういったことは、そのままでは、採点者になんのメリットも与えない。それどころか、こう思われるだろう。

「だったら、うちじゃなくてサッカーの強い高校にいけばいいんじゃないの？」

たしかに、何かを達成することはすばらしい。しかし、前に説明した「自分のメリット以外は何も見えないの法則」にも関連するけど、採点者にとってはしょせん君が何を達成していようが、どうでもいいこと。さらに言えば、採点しているのは国語教師。本が大好きで、スポーツには興味ないという場合も多い。スポーツや楽器の技能には共感しづらいということもある。だから、こういった場合は技能ではなく、それを達成できるようになった人としての成長や苦労に焦点《しょうてん》をあてればいい。

そっか、そういう気持ちにはスポーツや楽器のことがわからなくても共感できるのね。

また、何か立派《りっぱ》なものを達成していればいるほど、自慢《じまん》のにおいがでてくる。大人は子どものそういった態度が好きではないことが多い。むしろ、大嫌いな先生も多い。だいたい学校の先生は、自慢したがりが多い。

そんな人たちに、自分が成し遂《と》げたことで、うまく心を動かし、体を動かす（いい点をつけさせる）にはコツがある。

実はね、**大人はダメな子ほどかわいい。できない子ほど、好感を持つ。**

俺だ。俺、すごい好感もたれるじゃん。

だけど、できない子のままでは、かわいいけど合格させるわけにはいかない。高校に入ってから、自分（教師）が苦労するのが目に見えているからね。でも、偉そうにいばっている生徒は大嫌い。それが人。**それが先生。ダメな自分をかわいいと思ってもらうと同時に、ダメなままではないことを証明して、将来の自分に対する不安を取り去ればいい。**それが一番の方法。具体的には、体験を書くとき、できない自分から、ちょっとマシに成長していく自分。そして、高校入学後は、先生（採点者）のご指導をたまわりながら、もっと成長していく自分をイメージさせるんだ。

先生に「こいつかわいいな。よっしゃ俺が伸ばしてやろう」と思わせたらこっちのもんだ。じゃあ、具体的な流れをまず説明していくよ。超重要だから必ずマスターしてね。

①しょぼい君（少し遠い過去）
②ある試練・困難な出来事（比較的最近

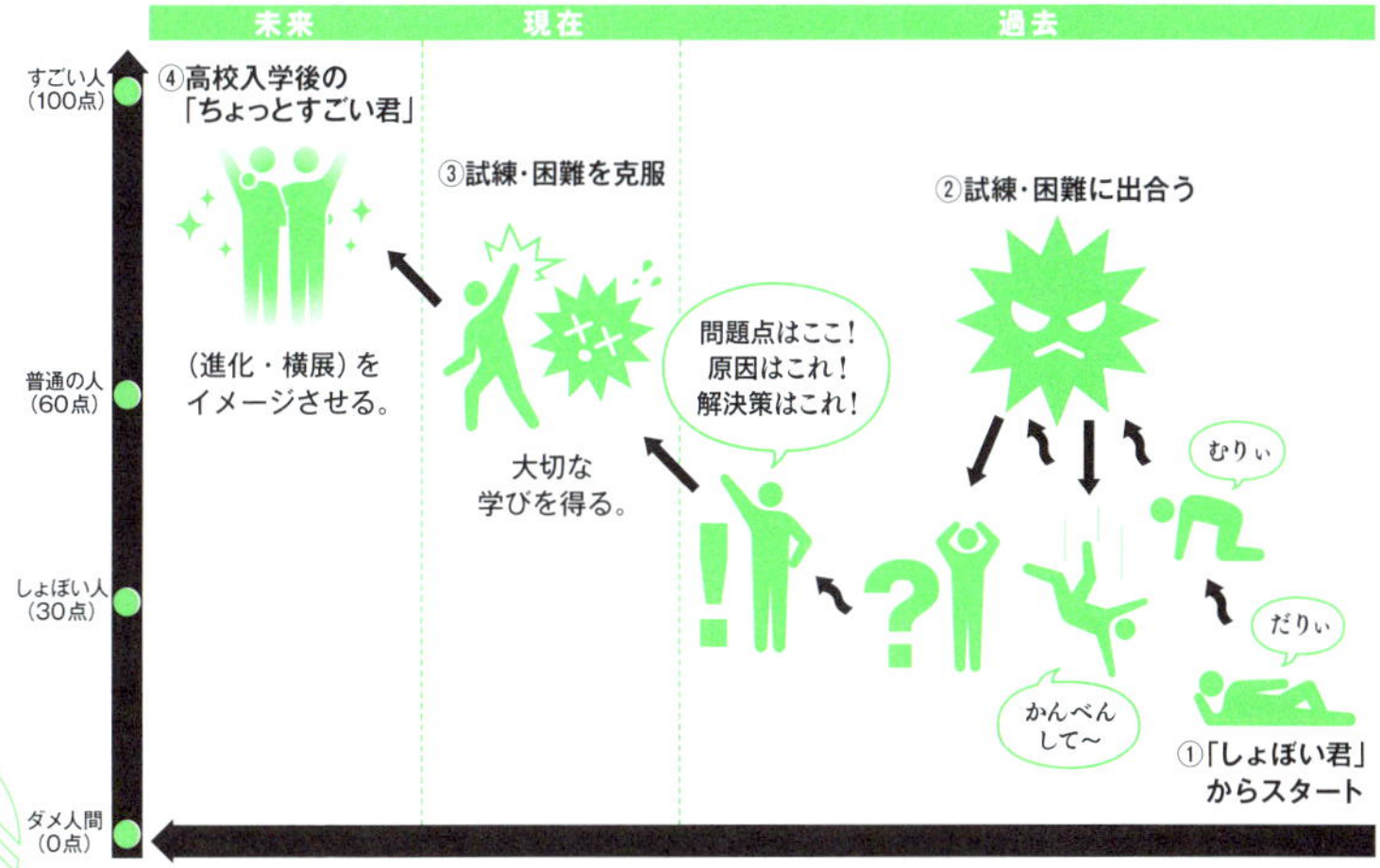

の過去）　いったんは、どん底まで落ちる君

③負けそうになりながらも、その試練や困難を通して成長していく君。新しい気づきや学びを得る（現在の状況）

④その気づきや学びを通して、高校入学後にさらに成長していく君をイメージさせる。

この方法は全ての人の心を動かすハリウッド映画の基本的な方法を取り入れている。ハリウッド映画の構造はほとんどみんな一緒。それは「しょぼい主人公」→「葛藤・試練」→「学び・成長」。人の心を動かし、行動させるのは、全世界共通。

しょぼい君がいた。でも、ある日、ある出来事が起こった。その出来事を通して、新しい「気付き・学び」を手に入れた。その結果、君は、しょぼい君から、ちょっと素敵な君へと進化した。

ポイントはちょっと素敵な君。すごく素敵になってたら偉そうで、採点者にドン引きされるだけ。そのさじ加減が重要だよ。

オキテ

「自分ダメ出し成長ストーリー法」で採点者に気に入られる！

コラム2

ミーシー（MECE）って知ってる？

Mutually Exclusive and Collectively Exhaustive の頭文字をとったもの。これ問題解決の場面でよく登場することば。訳すと「ダブりもモレもない状態」ってこと。

問題を解決するとき、まずどこに問題があるか探っていくよね。

例えばイジメの問題を解決するなら、問題ありそうな場所はどこかな？　もちろんイジメっ子が悪い？　ここの部分だけとりあげ、原因を考え、対策を練っても多分解決しないんじゃないかな。それは、取り上げる部分にモレがあるから。

イジメにかんしては、少なくとも3つの場所を考える必要がある。

いじめる人。いじめられる人。それ以外（家庭、学校）。モレがある部分に真の原因があった場合、それ以外の場所でどんなに原因を探ろうと、打ち手を考えようと、意味がなくなってしまう。また、問題となる点をダブって検討することもよくある。

イジメの問題なら、授業中にいじめる人、休み時間にいじめる人。

こんなふうに細かく分類したら、両方の時間いじめる人がいたりして、細かく調査していると、時間がかかってしまう。大きく学校でいじめる人だけ考えればいいね。

問題点ととらえるべき場所にモレがあると、真の原因にたどり着けない。

ダブりがあると真の原因にたどり着くまでに時間がかかりすぎる。

だから、MECE が問題解決では大切なんだ。

モレには特に気を付けようね。

●MECE の状態（モレなくダブりのない状態）　●MECE でない状態（モレがある）　●MECE でない状態（ダブりがある）

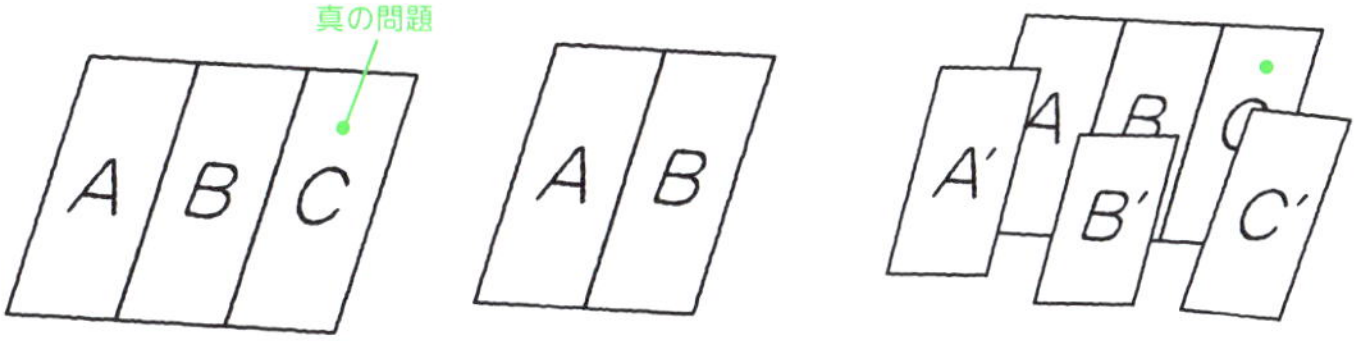

真の問題にたどり着ける

C がモレているので真の原因には到達できない。問題解決もできない。

検討すべきことが多く、真の原因にたどりつくまで時間がかかりすぎる状態。

47 書き始める前の最後の準備

よし、これで、どんな小論文・作文でも書けそうだ！

ちょっと待って。試験では、いきなり書き始めてはいけないよ。**まず、構成メモを作ること。構成メモとは、いわば小論文・作文の設計図みたいなもの。**

すぐに書きたい気持ちはわかる。でもね、最初に構成メモを作らないと、たいていは大失敗する。急がば回れっていうでしょ。

小論文・作文の失敗で一番多いのは、いきなり書き始めて、途中でネタがつきて書けなくなってしまうこと。また書いているうちに最初と最後で、言ってることが変わって意味不明になったりしてしまうこと。

そんなことにならないよう、ごく簡単でいいので構成メモを書く習慣をつけよう。

構成メモにかける時間は、200字作文なら3～4分。400～500字程度なら、6～10分程度かけていい。構成メモにメモする内容は満点メソッドに沿って書く。

具体的には、次の項目を書き出すんだ。
①現状とあるべき姿の把握。
②問題解決フローで問題解決（WHERE→WHY→HOW）
③結論を決める。
④上記①～③を満たす体験を作る。
⑤今後の抱負、成長の約束、横展《よこてん》。
次のページに例があるから、しっかり確認してね。

オキテ

書き出す前に、構成メモをしっかり書く

「あなたにとって大切な時間とは」の構成メモの例

あるべき姿

大切な時間を持つ

学力

ムダにスマホとかしないで勉強に取り組む

人間力

↑

現状

大切な時間を持っていない

学力

スマホばっか

人間力

軽い表面上のつきあい

HOW（どうやって解決する？）
or
何を学んだの？

夢ができたら、今までめんどうと思ってた時間が大切なものにかわった

WHY（その原因は何？）

目標がないから

WHERE（どこが問題？）

大切な時間はゲームなどで、ついダラダラ

1st 現状とあるべき姿
問題の背景
結論

私にとって大切な時間は
夢に向かって進んでいる時間

2nd 体験と学んだこと
原則 WHERE → WHY → HOW
（自分ダメ出し成長ストーリー法で）

以前の私はいつもダラダラ。目標や
夢がなかったから。でも教師になる
夢を持ってからかわった。怠けたい
心に打ち勝つことが大切と学んだ

3rd 進化・成長・横展

教師になるには、人間力・学力
ともに上げなければならない。
高校入学後、さらに努力

テーマの結論

大切な時間

は

夢に向かって進んでいる時間

だ

間違えやすい言葉一覧

	話し言葉	書き言葉
人の表し方	俺、僕、あたし、自分	私（わたくし）
	お前、きみ、あんた	あなた
	お父さん、お母さん	父、母
	おにいさん、おねえさん	兄、姉
	おじいちゃん、おばあちゃん	祖父、祖母
	校長、副校長、教頭	校長先生、教頭先生
	担任	担任の先生
接続詞	でも、だって	しかし、だが
	なので（文頭）、だから（文頭）	したがって、それゆえ
ら抜き言葉	見れる、食べれる	見られる、食べられる
い抜き言葉	してる	している
形容詞	いろんな	いろいろな
動詞	やる	する、行う
強調語	すごく、超〜	とても、非常に
若者言葉	うざい	うっとうしい、わずらわしい
	まじで	本当に

第7章

入試タイプ別攻略法

48

作文と小論文の違いとは？

さて入試問題のタイプ別攻略法の前に、ひとつはっきりさせておきたいことがある。それは、作文と小論文の違いの理解と整理。普通の人は、作文と小論文は全く別物っていうんだよね。だけど、本質をとらえている天才は、「あ〜、ほぼ一緒だね」って答える！それにね、問題を出している学校も区別しているかどうかあやしいものだよ。例えば、つい最近、こんな問題が東京都公立高校で出たんだ。

小論文として出ている問題

・スマホで生活が乱れる高校生が多い。あなたはこの問題に対して、高校3年間でどのように取り組んでいこうと思いますか？

・学ぶ楽しさについていてあなたの考えを書きなさい。

作文の出題として

・2020年に東京オリンピックが開催されます。世界各地から、人々を迎えるにあたってあなたは個人として、今からどのようなことをしたいと考えますか？　また社会全体では、どのようなことができると思いますか？　あなたの意見を述べなさい。

・「戦争のない世界」と題して一つ例をあげて、600字以内で書きなさい。

ゆきちゃん、蒼汰《そうた》君、小論文と作文の区別できる？

同じにみえる。

俺には区別ができないな。

問題を出している高校も区別できてないよ。

なんかすっきりしない。

じゃあ、僕が作文と、小論文の区別を教えてあげよう。

まず、作文には、２つある。学校で書く作文と、入試作文。これは全く別物。学校で書く作文は何を書いたっていい。でも、入試作文は「君の問題」の「解決法」を書くもの！

意味わかんないかな？

君の問題とは「協調性がない」「本を読まない」「勉強しない」とか。「解決法」とは、「部活で協調性の大切さを学んだ」とか。「本を読むことで、相手の立場で考えて発言できるようになった。読書は大切だ」とかね。こんなふうに、**入試作文とは問題解決、つまり「君が抱えている問題」を、君はどうやって解決するつもりか、または、解決した経験を書くもの。君自身が成長することによってその問題を解決したことを示す「君の成長ストーリー」を書くもの。しょぼい自分（問題のある自分）が、ある出来事により進化した自分（問題の減った自分）になる様子を書くもの。**

一方、**小論文とは、問題のある何かの現状を、ある解決策により、問題のない未来像にできることを書くもの。**

たいして変わらない。作文と、小論文に必要な内容は、ほぼ一緒の構造を持つ。どちらも「問題解決」という本質は全く同じ。つまり問題のある現状と、あるべき姿とを比較。そのギャップを埋める方法や、実際に埋めた方法を書くのが入試作文・小論文。どちらも、マイナスからプラスへの対比構造を取る。この対比があるからこそ、読む人は引きつけられる。文章を書くときは常に対比を意識することも大事だよ。

さて、実際の入試作文では、自分の問題からスタートして、社会の問題に触れると「広い視点でものを考えられる」と評価が高まることも多い。また、入試小論文ではいきなり社会の問題を論じるより、小さな自分の体験から、話を広げていった方が採点者の共感を得られることも多い。

とすると小論文と入試作文は全く同一のものとなる！

小論文の基本構造

問題のある現状
↓
ある解決策
↓
問題が解決された状態

作文の基本構造

問題のあるしょぼい君
↓
ある体験や経験による学び・気づき
↓
問題が解決し成長した君

オキテ

小論文も作文は一緒。どちらも問題解決方法を答えるもの！

49 推薦入試の最強作文

推薦入試作文で聞かれるのは次の3つのどれか。君の過去のこと。君の現在のこと。君の未来のこと。

・過去のことなら、中学で一番頑張ったことは何か。楽しかったことは何か。

・現在のことなら志望理由。

・未来のことなら大学や将来の仕事や、夢のこと。

一見バラバラで対応に困ってしまう。だけど本当にバラバラかな？ 「ストーリー法」のところで学んだよね。相手に伝わるためには過去↓現在↓未来が一本の糸でつながっていないとダメだって。ってことは、過去のことを聞かれても、現在のことを聞かれても、未来のことを聞かれても、結局はつながっている。

つながっているなら、一つだけ作文を用意しておけばいいんじゃないの？

その通り！　**一つだけで様々な問題の答えになっている作文。それを最強作文という。**

この最強作文に必要な要素が3つあるんだ。

① 1つ目は、現在、過去、未来の全ての質問に答えられるもの

② 2つ目は、採点者のメリットになっていること

何を聞かれようと、結局は、採点者のたった2つの夢に答えることが求められる。

学校が困っているのは、生徒の主体性の低さ、ストレス耐性《たいせい》の低さ、適応力の低さ。推薦入試では、特にこういった点が聞かれがちだ。

③ 3つ目は、国の頭の中を理解した解答になっていること

国が重要視しているのは、問題解決能力。国が問題視しているのは、読書をしない生徒、スマホやりすぎの生徒、全く勉強しない生徒。この3つの部分が交わる作文をたった一つ用意しておけば、本番のとき、ちょっとアレンジすればなんとかなるはず。事前に用意する作文は一番範囲が限られている国の悩み解決から考え始めるのが楽じゃないかな。読書、スマホ、勉強しない。この3つのどれか。これで見つからなかったら、国が重要視している問題解決に向かう態度（多様性、主体性、共感力、影響力のなかのどれか）で用意しておいてもいいよ。

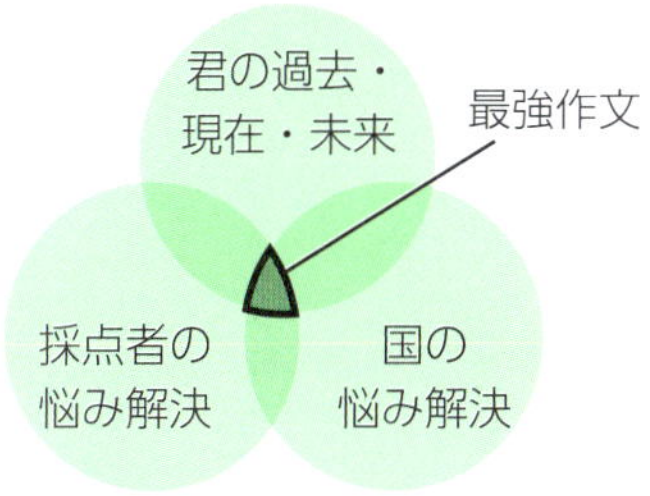

最強作文の例

本になど全く興味がない中学時代を過ごしていた。必要性を感じていなかったし、サッカーで忙しくてそんな暇《ひま》はなかったからだ。そんなものなくても、スマホで十分情報を得られると思っていた。サッカー部の同期で、やたら後輩に人気のあるA君がいた。後輩が彼を頼って、いろいろ相談をしている。私も隣で聞いていたが、私ならどう答えていいかわからないことをうまく答えていた。正直、自分との差を感じた。自分がひそかに狙っていたキャプテンの座も彼に奪われた。なぜ、彼ばかり人気があるのかと腹がたった。私は、ある日、「お前、なぜ、後輩の質問に答えられるのか」と思い切って聞いてみた。彼はただ笑っていた。でも、「気が向いたら読んでみたら」と翌日一冊の本を貸してくれた。

気が進まなかったが、読んでみると、自分が普段悩んでいる友達との付き合い方に関する答えがいくつも見つかったように思えた。本の中に自分と同じように悩み、苦しんだ人の姿が見えてきた。本には命があることを感じた。私はそれ以来、その友人に本を借りたり、自分の買った本を貸す関係になった。私もそうだったように、今の中学生は本を全く読まない。それは大切さに気づいていないから。でも、私がそうだったように、本の中の言葉で救われる人も多いはずだ。また、本に触れることで、将来、子供たちに本を語るような学校の先生になりたいとの夢もできた。高校入学後も、書物と触れあい、自分を磨いていきたい。また、友人がしてくれたように、私も本に興味のない友達に素敵な本を勧めてみたいと思う。

この作文は、満点メソッドで書かれているのがわかるかな。相手（国や採点者）のあるべき姿に自分を合わせている。そして、「自分ダメ出し成長ストーリー法」で書いている。本を読まなかった自分→本を読む自分へ変わっていく様子をしっかり書いている。本を読まなかったかつての自分の問題点（WHERE）→原因（WHY）→解決策（HOW）の流れもOKだ。

同時に、これ一つで、中学で頑張ったこと、高校でやりたいこと、将来の夢に答えている。そして、採点者の悩みを解決し、国の悩み事にも答えている。こんな感じで、君自身の最強作文を一つ用意しておこう。

オキテ

たった一つの「最強作文」ができればどんな問題にも対応できる！

50 テーマ型小論文・作文の攻略法

テーマが与えられて、自由に書かせる小論文・作文も多い。例えば「貢献《こうけん》」について書きなさいとか。**こういった問題は、満点メソッドで書くのに最適な問題。まず学校・採点者の夢実現フローをあぶりだす。採点者の夢・目的から、テーマに対してのあるべき姿をあぶりだす。そして自分がそのあるべき姿の生徒だと採点者に証明していく。それが基本的な流れ。**採点者の2つの夢・目的はこうだったね。

・授業についてこられる生徒に来てほしい。
・問題を起こさない生徒（特に仲間とうまくやれる）に来てほしい。

採点者の夢・目的に、君がふさわしいと採点者に認めてもらうには3つのステージをクリアする必要があったね。

第一段落＝ファーストステージ
「採点者の悩み（現状とあるべき姿のギャップ）をみつけること」
第二段落＝セカンドステージ
「採点者の悩みを解決していることを示すこと」それを証明するには、問題のありか（W

HERE）→原因の追究（WHY）→解決策（HOW）を自分の体験で書く。原則は「自分ダメ出し成長ストーリー法」を使う！

第三段落＝ファイナルステージ

「採点者のクラスを助けてあげること」解決策の定着、そして横展《よこてん》（自分だけでなく仲間の問題解決に手を貸すこと）。

ゆきちゃん、「貢献」というテーマなら、採点者にとって「現状」「あるべき姿」は何？
それと「貢献」が採点者の夢・目的と何の関係あるの？

「現状」はたぶん、自分勝手な生徒が多くて困っている。あるべき姿は「貢献は大切だ」ってことに気づき、実践できる生徒が多い学校かな。採点者の夢とのつながりは……ん～と。貢献できる人は、みんなが嫌がるクラスの掃除《そうじ》とかを自発的にやってくれる。そういう生徒は採点者のメリットになるわね。

その通り。ちなみに出題されるテーマは、学校が重要と考えているものが選ばれる。貢献、友情、忍耐等。こういった問題では、まず、自分がそれとは逆の人間であったことから書くのがコツ！

貢献なら貢献なんて大嫌いだった自分。忍耐なら忍耐なんて大嫌いだった自分。そこから初めて試練を経験し、成長する自分を採点者にみせていくんだ。ゆきちゃん、貢献について第一段落を書いてみて。ファーストステージクリアも意識してね。

「貢献」とは、自分勝手な心に打ち勝って、チーム全体で、一人では乗り越えられない大きな問題を乗り越えることにつながる大切なものだと思う。でも、最近は自分勝手に行動し、仲間に貢献することを忘れがちな人が増えてきている。

なかなかいいと思うよ。じゃ、蒼汰君、つづけてセカンドステージをクリアして。書き方は逆の自分からスタートね。まず貢献と逆の自分がいた。でも、貢献を知らない自分のままでは、ある日、越えられない壁がでてきた。苦労する中で、その壁を突破した。そのとき、貢献の大切さを学んだ。この中に、国の要請《ようせい》である、問題解決フローもおりませてみてね。つまり、貢献をしなかった自分のどこに問題があったか（ＷＨＥＲＥ）→それはなぜか（ＷＨＹ）→どうやって解決したか（ＨＯＷ）を書く。このニュアンスを全部じゃなくてもいいから、極力《きょくりょく》入れ込むんだ。経験はかならずしも100％本当じゃなくていい。１％本当なら、大丈夫。今、そう思うなら、それは本当とも言えるよね。

わかった。やってみる。経験はサッカー部のことで書くよ。

問題点　自分でシュートを決めようとして、パスを仲間にしない自分がいた。それで結局試合に負けることも多く、仲間からも信頼を失っていった。

原因　自分のことだけを考えていたから。そして目立ちたかったから。

解決策　地区大会の決勝進出がかかっていた試合で、自分が決めることよりチームが勝つことを優先し、仲間にパスを回すこと心がけた。そのとき初めて信頼する先輩から「お前、今日の試合いいじゃん。」と認めてもらえた。仲間に貢献することは、自分を殺すことじゃない。むしろ、自分も仲間もいかすことだと学んだ。

完璧だ！　蒼汰君、つづけて、ファイナルステージもクリアしよう。

高校入学後も、自分なりの貢献を心がけていきたい。そして、一人ではなしえない大きな目標を仲間とともに超えていきたい……かな？

おぉ、すごい良いね！

オキテ

テーマ型は、相手が求める逆の自分からスタートする！

51 グラフ・絵・写真の問題の攻略法

最近、こんな問題が多い。

問題　次のグラフは日本、米国、中国の高校生に「若いうちにぜひやっておきたいこと」についての調査を表したグラフ。このグラフを見てあなたはどのように考えますか。あなたが体験したことと関連させて200字以内で書きなさい。

さあ、どうやって答える？

将来、役に立つ技術や資格を身につけたいと考えてるアメリカ人が80％以上もいる。偉いな！

たしかに偉い！　でも、ポイントはそこじゃない。日本と他の国との違いを見なくちゃダメだよ。そもそも、こういった問題でも、「満点メソッド」を使

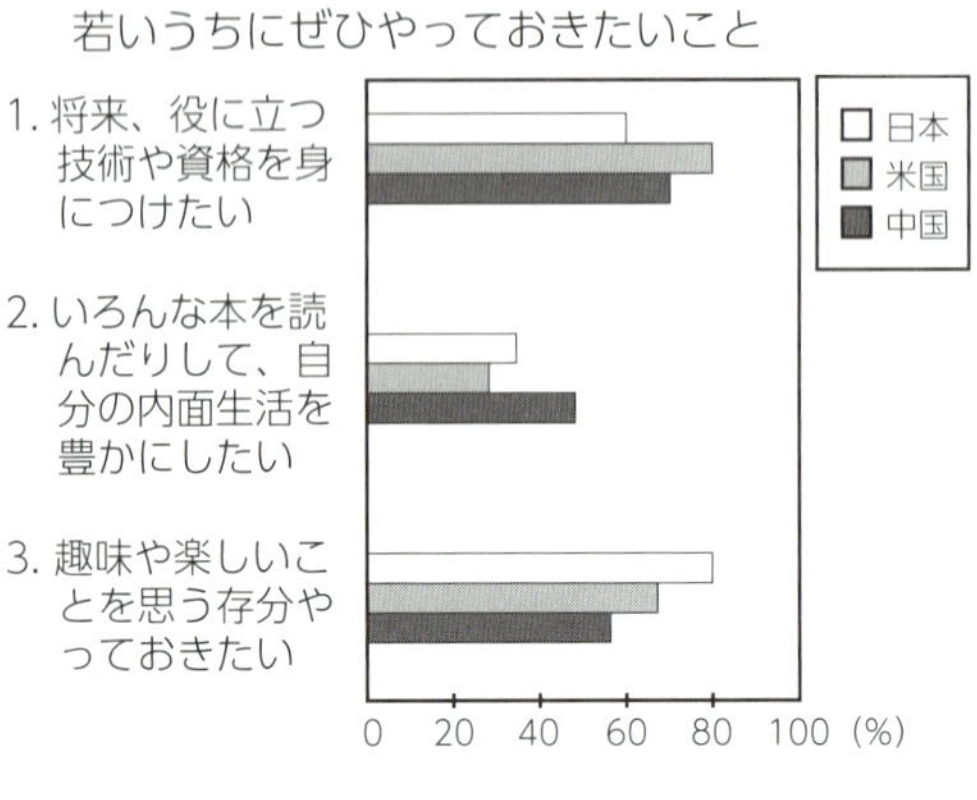
若いうちにぜひやっておきたいこと
1. 将来、役に立つ技術や資格を身につけたい
2. いろんな本を読んだりして、自分の内面生活を豊かにしたい
3. 趣味や楽しいことを思う存分やっておきたい
日本
米国
中国
0
20
40
60
80
100
(%)

えば簡単に解答できる。**出題者の意図は、グラフ、絵、写真の中の問題点を発見できるか。そして、その原因、解決策をみつけられるか。**出題される問題の形式は変わっても、答え方は、いつもワンパターン。どんな形で出されても心配はいらない。

まず問題点をみつける。グラフを見ると、日本は、将来役に立つ技術や資格を身につけたいと思う高校生の割合が一番低い。本を読んで内面生活を豊かにしたと思っている生徒も、米国よりは高いもののおよそ4割しかいない。趣味や楽しいことを思う存分やってみたいという生徒は、日本が他国を引き離し一番。ここから見えてくるのは、楽しいこと（スマホやゲーム）ばかりして、本を読んだり勉強をしない怠《なま》け者の高校生の姿。ここが問題点。

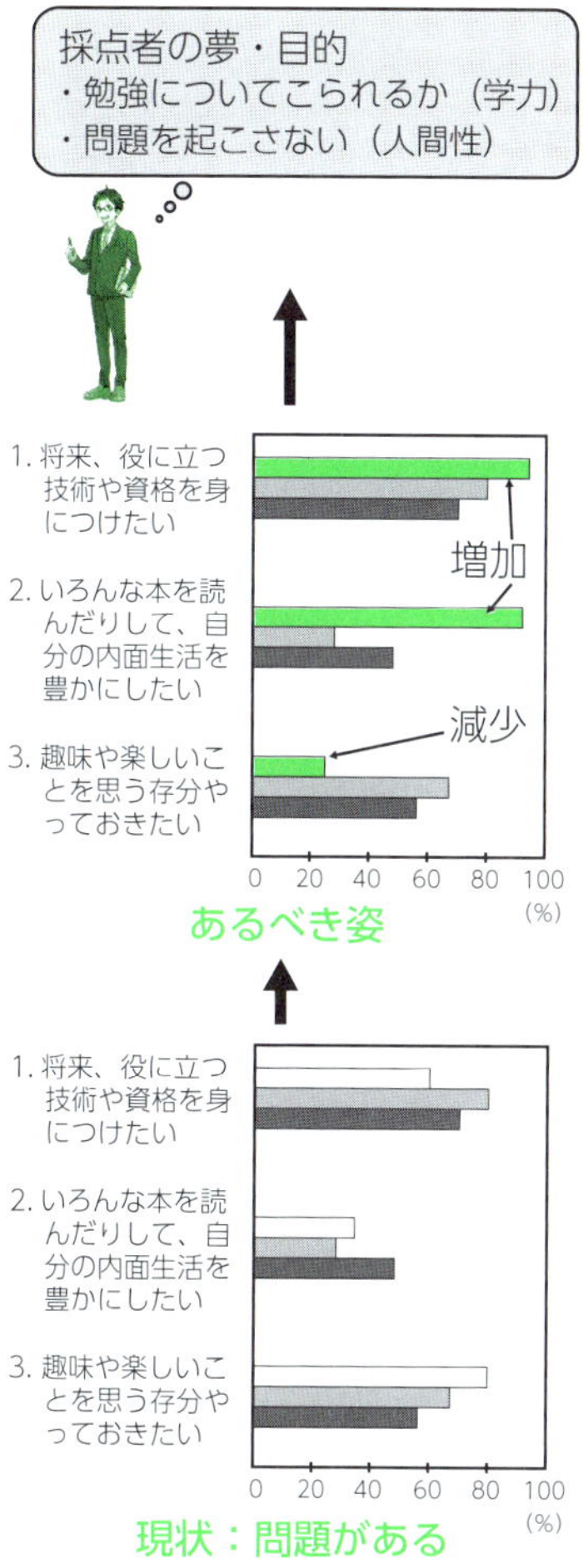
採点者の夢・目的
・勉強についてこられるか（学力）
・問題を起こさない（人間性）
1. 将来、役に立つ技術や資格を身につけたい
2. いろんな本を読んだりして、自分の内面生活を豊かにしたい
3. 趣味や楽しいことを思う存分やっておきたい
増加
減少
0 20 40 60 80 100 (%)
あるべき姿
1. 将来、役に立つ技術や資格を身につけたい
2. いろんな本を読んだりして、自分の内面生活を豊かにしたい
3. 趣味や楽しいことを思う存分やっておきたい
0 20 40 60 80 100 (%)
現状：問題がある

あるべき姿は、それらが改善された前ページの図（真ん中）のような感じであればいい。つまり、採点者が考える、日本の高校生のあるべき姿とは

・将来役に立つ技術や資格を身につけることをもっと大切だと思ってほしい。
・読書をもっとしてほしい。
・今の楽しみはほどほどで我慢してほしい。

こう採点者は思っている。これがこの問題に対するあるべき姿。なぜ、採点者が考える「あるべき姿」がこうなるかわかるかい？

ゴールである、採点者の願いから逆算して考えればいいのね。楽しいことに夢中になってばかりじゃ学校の授業についてこられない。それじゃ、大学受験でも失敗する。また本を読んで内面を磨かないと、人の気持ちもわからなくなりがち。結果としてクラスで人間関係のトラブルを起こすかも。これでは、採点者の目的に届かないってことね。

その通り。常に採点者の立場で考えることを忘れないでね。そうすれば、慣れてくると一瞬で、出されたテーマの問題点とあるべき姿が発見できるようになる。さて、問題点とあるべき姿が決まったら、次は問題解決のフロー（流れ）に従って、問題点の原因と解決策を君の体験の中で語れば満点になる。200字程度であれば原因や対策はあっさりしたもので十分。内容はほどほどで満点がつく。あと、こういったグラフや写真をみて書く作文の心がまえを一つ覚えておいてほしい。それは文を書くとき、事実と意見をごちゃまぜにし

て書かないこと。そのために二段落構成で書くのがベター。第一段落でグラフや図から読み取れる事実。第二段落では自分の意見。意見とは問題点＋原因＋解決策を自分の体験にからませて書くこと。特に指定がないときには、必ずしも、段落わけしなくてもいい。

解答例

他国と比べ日本の高校生は将来に立つ技術や資格を身につけたり、読書をして内面生活を豊かにしたい、という人の割合が低いことがわかる。一方、趣味や楽しいことを思う存分やってみたい人は一番だ。

私はこの結果に危機感を覚える。成長より、楽しみを優先する傾向がみてとれるからだ。私自身、スマホで時間を無駄にしていた時期もあったが、将来の夢ができから時間の使い方が変わった。将来を見据えた時間の使い方が大切だと思う。

オキテ

グラフや図の問題は第一段落で読み取ったこと
第二段落で自分の意見を書く！

52 賛否両論テーマの攻略法

最近の入試では、賛否両論あるテーマが選ばれることも増えてきた。これからはますます増えることが予想される。なんでかわかる？

たぶんだけど、時代はグローバルになってきてるからかな？　今まで以上に、多様な人と一緒に仕事する機会も増えてくるから、今以上に多様な考えや、人を受け入れることが重要になってくるんじゃないかな。

その通りだ。賛否両論あるテーマを出題することで、君が問題解決の能力があるのか、多様性に対応できるか、を見ているんだ。**賛否両論のあるテーマでは、お互いの意見を尊《そん》重《ちょう》して、意見を戦わせる中で、もっと高い次元の意見に到達するのが一番いい解決策。**それが、小論文・作文で書くべきポイントだよ。

だいたい人間ってのは、くだらないことで言い争いをしているよね。

ねー。友達どうしのケンカもそうだし、国同士のいざこざもそう。

国同士のいざこざは、ちょっと手に負えないかもしれないけど、ほとんどのいざこざを回避できるいい方法がある。例えば、犬が好きか猫が好きかで、もめている男女がいるとする。

男「俺は犬が好きだよ。猫はバカだけど、犬はかわいいし。」
女「そんなことない。犬は誰にでもしっぽふってバカみたい。猫は人を選んで近寄ってくる。かしこいんだから。」
男「そんなことない、犬はボールを拾ってくるし。」
女「ボールなんて拾ってこないで、お金でも拾ってくればいいのに。」
男「何言ってての。だいたい猫なんて……」

といった感じでケンカになる。
お互いが自分の立場（ポジション）だけから、物事を見ているから。物事を自分の立場（ポジション）から見るとケンカになる。相手の立場（ポジション）から見すぎると相手の言いなりになってしまう。そのどちらの立場（ポジション）でもない、第3のポジションが

メタポジション。メタとは「一つ上の」とか、「高い次元の」という意味。幽体離脱《ゆうたいりだつ》をして、自分と相手を空から見ているようなイメージ。天から、下界《げかい》を見ている神様の気持ちで、**みんなが幸せになる道がないかを考えてみる。それがHappy Together《ハッピートゥギャザー》理論（みんな幸せ理論）だ。**

さっきの男女のケンカをもう一度考えよう。まずメタポジションで、上から2人を見てみよう。そして、2人とも、幸せになる方法がないか考えてみよう。こんな感じだ。

僕が犬好きなら、まず自分の犬好きの一番の理由はとりあえず話題にださない。それより、どうしたら犬が彼女のメリットになるかを考える。そして、彼女がどうすれば自分に好感をもってくれるかを考える。そこが大事。

ちょっと太めの女の子ならこんな感じだ。

安田「そうだよね、猫ってかわいいよね。」
女性「そうでしょう。犬は散歩とか大変だし。」
安田「でも、知ってる？　散歩は確かに大変だけど、ダイエットにいいんだよ。僕なんて犬を飼ってから4キロもやせたよ。」
女性「え〜。そんなに。それはいいかもね。」

相手が一番デメリットだと思っていること（今回の例なら、犬は散歩が面倒）**をメリットに変えられないか。そんなことを第一に考えてみる。それが、メタポジションを使ったHappy Together理論だ。**賛否両論ある意見の作文を書くときには、まず両方とも幸せになる方法がないかを最初に考えよう。反対意見の人の心に、「納得」や「発見」をのこせるよう意識して考えよう。

ついでに参考までに相手を説得する方法もちょっとだけ説明しておくね。人を説得するには、基本2つの方法がある。一つは、そうすると得になることをわかってもらうこと。もう一つは、そうしないと、損になることをわかってもらうこと。

最初の「得になる」が後味《あとあじ》はいい方法。でも、実際には、人は「損になる」ことを避ける気持ちが強い。賛否両論ある作文を書くとき、自分の取る意見によって、反対意見の人に「得になる」、または「損になる」ことを示すことができたら文に説得力は増すね。

オキテ

メタポジションから、デメリットがメリットになる道を示す！

53 課題文付き小論文・作文の攻略法

① 課題文のとらえ方

学校によって課題文のテーマはまちまち。でも、共通していることが一つある。それは、課題文の主題（著者がもっとも言いたいこと）は学校が、もっとも大事にしている考えを代弁《だいべん》していること。つまり**課題文の主題＝学校が受験生に求めるあるべき姿なんだ。**

課題文が、何万という文章の中からなぜ選ばれているかを、理解しよう。だから、小論文・作文を書く上で、課題文の主題に反対しないほうが無難。課題文の主題に反対する人は、学校の方針に反対しているも同然。まず、この当たり前のことを理解しよう。ただ、課題文の内容はかなり理想的な内容であることも多い。例えば、「相手の立場を常に意識してコミュニケーションしよう」とか、「友情は、お互いに切磋琢磨《せっさたくま》しあう（高めあう）関係であるべきだ」とか。

このとき、書き方に気をつけないとウソくさくなるから気をつけてね。例えば、こんなふうに答えたら採点者はどう思うだろう？

「私も著者の考えに賛成だ。私は、いつも友人とお互いを高めあう関係でいる。先日も、テストで親友と競い合い、互いに満点を取ることができた。」

なんかウソくさくない？　学校が来てほしい生徒はこんな人じゃない。未熟な自分に苦しみながらも、あるべき姿に向かって努力している生徒に来てほしいんだ。こんなときこそ、「自分ダメ出し成長ストーリー法」で書くと圧倒的な好印象を勝ち取れるよ。

② 課題文の読み方

入試に出る論説文は、いきなり読むと、大人でもすぐには理解できないような難解なものも多い。いきなり読み進むと、「わからない、どうしよう」とまるで迷路《めいろ》にはまったような気持ちになるかもしれない。難しい課題文には読み方あるんだ。

・著者が言いたいことは、実は「本のタイトル」になっている。だから、まず**最初に課題文の本のタイトルをチェックする**習慣を身につけよう。

・課題文の結論は一番最後にあることも多い。最初から順番に読んでいくと意味不明なことも多い。**長い課題文はまず最後の段落にさっと目を通そう。**理解が深まるよ。

オキテ

課題文の主題に逆らわずに書く！

54 国語の問題に含まれる作文の攻略法

次は公立高校の国語の作文にいくよ。国語の入試問題の中の1問として作文が入っているパターンだ。制限時間50分の中で、200字前後の作文。配点は10～20％程度。一番多いのは、15％くらい。このパターンの特徴は条件が指定されているものが多いこと。例えば、「一段落目は意見。二段落目は理由を書きなさい」とか。毎年、ほぼ同様のパターンで出題されるから、必ず過去問には目を通しておくようにしようね。

この形式の作文は、時間との戦いが一番のポイント。ここで時間をかけすぎて、残り80～90％の配点がある国語の時間が足りなくなったら本末転倒《ほんまつてんとう》。だから配点に応じて、かける時間をあらかじめ決めておいたほうがいい。50分の制限時間で配点が20％なら10～12分程度。配点が15％なら8～10分程度。配点が10％なら5～7分程度。一番多いのは、配点が15％。だから8～10分程度で書けばＯＫだ。構成メモにかける時間は、2～3分程度が限界。

このタイプの国語の作文のポイントは、この時間の短さとの戦い！　でも、心配しなくていい。**完成度は低くても、条件に従って書けば、内容はほどほどでも満点をとれる。**国

語作文では、内容よりまず設問の条件を満たすこと。そして漢字のミス等の誤字《ごじ》に気をつけることが最重要。内容を書くときは

①採点者の立場で、採点者にメリットを与える内容になっているかを必ずチェック！
（メリットとは君が入学後に、勉強か人間性の面で採点者の役に立つこと）

②君の成長を示せているか。ダメな自分から出発して、成長していく姿を書けているか。

この2つだけにとりあえず気をつければいい。もし可能なら、3つ目として

③問題解決マインドが出せればなおベター。

問題解決マインドとは、問題のありか→原因→解決策の流れで考えることね。ただ、時間があまりに短いので、思いつかなければここは飛ばしても大丈夫！

要は、**採点者に「この生徒は俺のように考えて、俺にメリットを与える生徒だ」と思わせれば十分。**

オキテ

公立高校の国語作文は、使う時間を事前に決めておく！

55 卒業試験

「ボランティアについて書け」

普通の作文

中3の夏休みに地域のボランティアに参加した。老人ホームで丸一日、介護士さんとともに、老人のお世話をするボランティアだ。ボランティア活動には以前から強い興味があったのが参加を決めた理由だ。午前中は、主に施設内の清掃作業を実施した。午後は、練習してきた演劇を披露《ひろう》し、夕方は食事の介助《かいじょ》をした。

1日が終わって、体はくたくたに疲れた。しかし人の役に立てたので非常に有意義な1日だった。また機会があればぜひボランティアに参加してみたいと思う。

2人はどう思う。

なんかつまんなくない？

優等生的。生々しさが足りない！

いいこと言うね。そう、作文・小論文には「生々しさ」は重要だね。採点者がグッと話に引き込まれる。じゃ、どうやって生々しさを出せばいい？

たぶんだけど、一つは、「自分ダメ出し法」で習ったように、ダメな自分をさらけ出すこと。もう一つは、「タイムスリップ法」で習ったように、その場にいるような生々しい描写が必要なことかな。

すばらしい。それとさっきの作文には、まだ足りないものがある。蒼汰君、何かわかるかな？

問題解決能力が書かれていないことじゃね？　学校の先生にとって、ボランティアは大事。でも、現状、そういったことに興味ない生徒が多い。このギャップを解決することが大事なんじゃない。

すばらしい。最後にゆきちゃん、蒼汰君、協力して400字程度でまとめてみて。

中3の夏休み、学校の先生に勧められ老人ホームのボランティアに参加した。朝から晩まで重労働だった。正直、疲れ果てて早く帰る時間にならないかと時計を何度も見ていた。ただ、すべての予定が終わって帰る時に、一人の老人に「ありがとう」と声をかけられた。その方の目に涙があった。その瞬間、すべての疲れが吹き飛んだ。人に喜んでもらうことが、自分の幸せにつながると初めて知った経験だった。ボランティアは、私はやりたい人だけ勝手にやればいいと思っていた。でも、最初は嫌でも、やってみてわかることがある。今は、友人にも勧めてみたいと思っている。

高校入学後は、もっと人の役に立てるよう成長していきたい。また、数多くのボランティアに友人と一緒に参加し、有意義な高校生活を送っていきたいと思う。

問題解決もばっちり。それと「自分ダメ出し成長ストーリー法」。さらに「タイムスリップ法」を駆使している。すばらしい。ゆきちゃん、蒼汰君。卒業試験合格だ。

オキテ

「型」を使って問題解決能力を示せば、完璧!

おわりに

さて、そろそろお別れの時間だ。よく頑張ってきたね。

蒼汰《そうた》君、ゆきちゃん、そしてこの本を読んでくれているみんな。本当にありがとう。

君たちが、今までこの本で学んできたことは、短期的目標として高校入試を突破するため。じゃ、長期的目標って、なんだろう。


「大学に受かるため？」

まあ、それも間違いではないけど、全部じゃない。

じゃ小論文・作文の勉強は、何のためのものだろう。

一言で言えば、それは楽しく生きるための勉強。

今、日本で人気沸騰《ふっとう》の哲学者の一人、アドラーは、世の中の問題の全ては人間関係にある、と言う。


たしかにそうかもしれないね。この世に自分一人なら、まず容姿《ようし》のことは全く気にならない。嫌な人と関わることもない。

でも、現実には、人は人と関わって生きていくしかない。というか、幸せは、なんだかんだ言っても、人と人と間の生まれることが多い。

作文・小論文は人と人の問題を解決する学問でもある。


相手を知る最高のトレーニングであり、自分をより素敵な自分に変えていく最高のトレーニングでもある。

相手の頭で考えて、相手の心と頭に伝わるように工夫する。

「相手の頭で考えたら、俺の意見はどうなるんだ。」と思う人もいるかもしれない。

ただ、相手のことをわかったうえで自分の意見を言うのと、何の考えもなしに自分の意見を言うのでは、相手に伝わるものも違ってくるよね。

君はこれから、ますます素敵になっていく。キラキラ輝《かがや》くような体験をたくさん重ねて。

でも、他の人の中にも、いっぱいキラキラがつまっている。

もし、君が人のキラキラに気づけば、君はそれに照《て》らされてもっと輝くだろう。


最後に、KADOKAWA様、そして担当の伊達様、この機会をいただき本当にありがとうございます。

また、相棒の野原さんには、本当にお世話になりました。彼女の協力と励《はげ》ましがなければ、この本は完成しませんでした。それから、ゆきちゃん、蒼汰君、あり、すば、らいともありがとう。

またいつも私を支えてくれる松本さん、小泉さん、管さん、髙木さん、稲波先生、近先生、岩﨑先生、小田島先生、本田先生、川﨑先生、岡林先生、宮井先生、鈴木先生他、たくさんの先生方、ありがとう。

また、愛する家族の父、母、けん、こう、ほのに感謝をささげます。

あさ、みおちゃんもいつも応援ありがとう。

そして、最後の最後に、この本を読んでくれるいる君、最後まで読んでくれてありがとう。

君の合格を信じています！

安田　浩幸

〔著者紹介〕
安田　浩幸（やすだ　ひろゆき）
ライトハウス・アカデミー塾長。
大学卒業後、メーカー、コンサルティング会社をへて、大手予備校・大手個別指導塾にて講師として修業をつむ。後に、首都圏で中学受験から大学受験までを個別で指導する、ライトハウス・アカデミーを立ち上げ、現在塾長をつとめている。高校入試については、各教室で高い合格率を出すことで定評がある。また、高校入試における推薦入試の指導力の高さでも知られ、専門のコースも設置している。作文・小論文では通信添削でも多くの受験生・保護者から支持をえている。
著書に、『面接官に好印象を与える 高校入試 面接のオキテ55』(KADOKAWA）がある。

採点者に好印象を与える
高校入試　小論文・作文のオキテ55　（検印省略）

2016年11月11日　第1刷発行
2022年7月20日　第3刷発行

著　者　安田　浩幸（やすだ　ひろゆき）
発行者　青柳　昌行

発　行　株式会社KADOKAWA
〒102-8177　東京都千代田区富士見2-13-3
電話　0570-002-301（ナビダイヤル）

●お問い合わせ
https://www.kadokawa.co.jp/（「お問い合わせ」へお進みください）
※内容によっては、お答えできない場合があります。
※サポートは日本国内のみとさせていただきます。
※Japanese text only

定価はカバーに表示してあります。

DTP／ニッタプリントサービス　印刷・製本／加藤文明社

ISBN978-4-04-601428-3　C6081